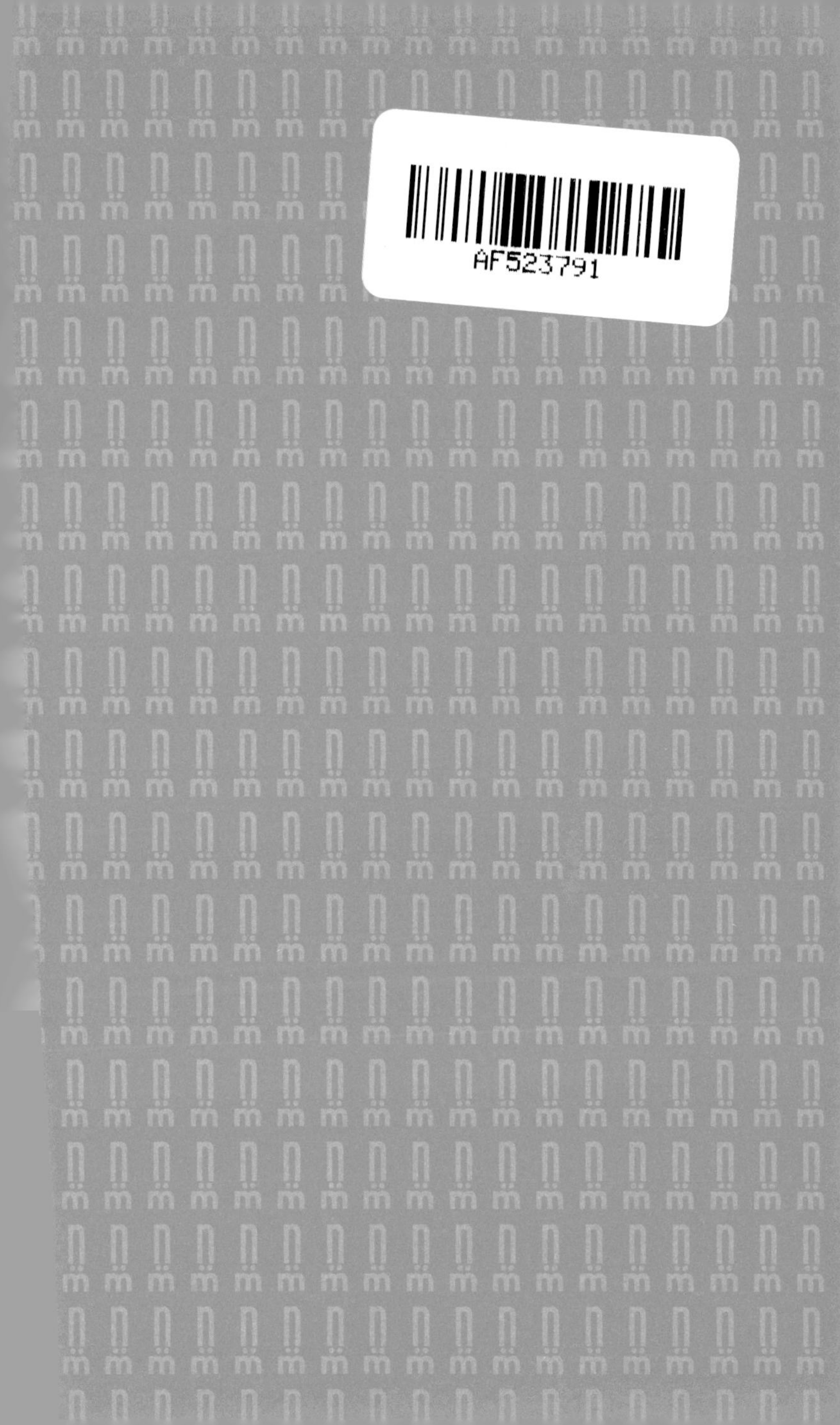

Liebe

Veronika Fischer

über morgen

Veronika Fischer

Dieses Buch ist für heimlich Verliebte, frisch Verlobte und diamantene Eheleute, für Getrennte, Herzschmerzleidende und Langzeitsingles, für Liebesbriefschreibende und Scheidungsanwältinnen, für Traumtänzerinnen und Wolkengucker, für Lustmolche und Turteltäubchen, für Don Juans und Herzensbrecherinnen, Verehrer und Kavalierinnen, für Regenbogenlover, Lieblingsmenschen, für friends with and without benefits. Du kannst es lesen, wenn du geübt bist in der Wortakrobatik und auch, wenn du nur ganz selten zu Büchern greifst. Lies es im Darkroom, zwischen zerwühlten Bettlaken oder in einer Kajüte des Traumschiffs. Allein, zu zweit, in wilder Ménage-à-trois oder in einer Lese-Orgie. Es ist ein Buch für dich und mich und alle – denn es ist ein Buch über die Liebe!

„Wer nicht mit der Liebe anfängt,
wird niemals wissen, was Philosophie ist.“

Platon

Inhalt

Let's talk about Love

Ein Buch über die Liebe – wird das nun eine Hommage oder eine Abrechnung? Die Antwort ist: beides! Die Liebe ist vielfältig, wir finden sie in unzähligen Bereichen und Kontexten. In ihr liegt die Kraft, uns in die höchste Euphorie zu katapultieren, die Welt aus den Fugen zu heben und Berge zu versetzen. Durch genau dieselbe Kraft können aber auch ganze Lebensentwürfe vernichtet, Familien zerstört und Existenzen ausgelöscht werden. Wir benennen es immer gleich: „Liebe."

Wenn wir diesen Begriff unhinterfragt benutzen, herrscht schnell großes Chaos und es wird kompliziert. Lösen wir aber auf, was wir meinen, wenn wir „Liebe" sagen, so gewinnen wir Klarheit, auch für die Gestaltung von Liebesbeziehungen auf praktischer Ebene. In diesem

Buch geht es deshalb darum, was „Liebe“ bedeuten kann und wie man mit diesem Begriff achtsam umgeht. Es ist ein komplexes Phänomen mit vielen Bedeutungen, man kann sich ihm auf viele unterschiedliche Arten nähern: psychologisch, neurobiologisch, anthropologisch, evolutionstheoretisch und so weiter – aber all diesen Disziplinen liegt die Philosophie als Mutter der Wissenschaft zugrunde. Mit ihr werden wir den Begriff zerlegen, in all seine Einzelheiten. Und wir werden herausfinden, dass allein in dieser sprachlichen Analyse alle anderen Zugänge enthalten sind. Es steckt eben alles in diesem einen Wort. Die Philosophie eignet sich letztlich am besten zur Erforschung der Liebe, da sie selbst Liebe ist, denn „Philosophie“ bedeutet „Liebe zur Weisheit“.

Werden wir gefragt „Und? Wie läuft's mit der Liebe?“, dann denken wir doch meistens sofort an eine Partnerschaft, in der Regel an eine einzige Person, und übersehen dabei, was Liebe noch alles sein kann und wo sie uns überall begegnet. Eine große Herausforderung, wenn wir über die Liebe nachdenken, ist, dass es keine kurze, einheitliche Definition von Liebe gibt. Und daran scheitern die meisten Werke über die Liebe, wenn sie versuchen, *eine* Definition von Liebe zu finden, eine, die möglichst gut passt. Da der Begriff aber in einer solchen Bedeutungsvielfalt funktioniert, ist das der falsche Ansatz. Wir brauchen *viele* Definitionen von Liebe, wir müssen verstehen, was mit Liebe alles gemeint sein kann. Wir dürfen uns bei der Suche nicht einengen und beschränken lassen, sondern müssen das Feld öffnen, in die Weite gehen und eine Fülle von Bedeutungen zulassen. Wir werden uns also ansehen, wie mit diesem Wort bereits umgegangen wurde – in philosophischen Abhandlungen und soziologischen Theorien, in literarischen Bestsellern, in Filmen, Popsongs und Comics.

Wo begegnen wir dem Wort „Liebe" eigentlich? Im Alltag fliegt es uns nahezu inflationär um die Ohren. Lovesongs trällern aus dem Radio, Walt Disney und Hollywood produzieren Dramen mit und ohne Happy End, die Boulevardzeitschriften und Groschenromane an Bahnhofskiosken leben von Liebesgeschichten, und in der Werbung sehen wir massenhaft frisch verliebte Paare oder glückliche Kleinfamilien. Wir hören von der Liebe in Slogans wie: *Wir lieben Lebensmittel* (Edeka), *Wir lieben Technik* (Saturn), *Wir lieben Fliegen* (Condor), *Wir lieben Autos* (VW), *Weil wir Schuhe lieben* (Deichmann), aber Liebe ist es eigentlich nur, *wenn es Landliebe ist. Echte Liebe* findet man beim BVB Dortmund, beim FC Saarbrücken *kennt Liebe keine Liga* und bei McDonald's? *I'm loving it!*

Hier werden wir also nur noch verwirrter, wenn wir nach einer einheitlichen Bedeutung des Begriffs „Liebe" suchen. Er wird so beliebig gebraucht, dass er alles und nichts meinen kann.

Schauen wir also lieber in die Vergangenheit unserer Kulturgeschichte. Seit wann gibt es eigentlich Liebesbeziehungen, wie wir sie heute führen? Die Idee der Liebe zwischen zwei Menschen ist schon sehr alt und tief in unserer Kultur verwurzelt. Adam und Eva, Orpheus und Eurydike, Sisi und Franz, Siegfried und Roy, Barbie und Ken … – um nur ein paar Beispiele für Liebespaare zu nennen. Ein Blick in die Welt der Sagen, Mythen und Märchen aller Welt zeigt, dass Liebe überall ein zentrales Thema ist. Die Verbindung zwischen Menschen, Göttern und Naturkräften findet sich als Motiv in den Entstehungsmythen der Welt, im Mittelalter finden wir sie in unzähligen Minneliedern. Der Unterschied zu heute liegt darin, dass die Liebe im Minnesang nicht zu einer Beziehung führte.[1]

Über eine lange Zeit wurden Ehen auch im westlichen Kulturkreis von den Familien arrangiert, um Reichtum, Besitz und Ländereien zu erhalten und zu vermehren. Die Liebe ist dann bestenfalls das Ergebnis einer Heirat – oder eine große Bedrohung für diese, sofern sie die „falsche“ Person betrifft. Bis heute hat sich dieses Konzept stellenweise erhalten: Familien der Oberschicht oder Adelshäuser heiraten immer noch weitgehend untereinander und es führt zum Skandal, wenn bürgerliche Personen in diesen Kreis aufgenommen werden sollen – siehe Lady Di oder Meghan Markle.

In vielen anderen Kulturen sind arrangierte Ehen ein fester Bestandteil der Liebespraxis, bei deren Nicht-Befolgung ein Verstoßen aus der Gemeinschaft droht. Für den Großteil der westlichen Bevölkerung ist heute aber die Liebe der Hauptgrund, eine romantische Beziehung oder Ehe einzugehen. Diese Idee etabliert der Philosoph Jean-Jacques Rousseau im Jahr 1761 in seinem Briefroman *Julie oder Die neue Heloise.* Er schreibt darin über eine junge Frau, Julie, die sich in ihren Hauslehrer verliebt, aus Vernunftsgründen aber einen anderen Mann heiratet. Es entsteht ein lebenslanges Hin und Her, bis Julie dann eines tragischen Todes stirbt, ohne dass ihre Liebe je in eine Beziehung geführt hat. Das Werk gilt als flammendes Plädoyer für die Liebesheirat. Die Bevölkerung Frankreichs im Zeitalter der Aufklärung war begeistert von Rousseaus Idee. Sein Buch konnte gar nicht schnell genug nachgedruckt werden und wurde in Buchhandlungen stundenweise vermietet, so hoch war die Nachfrage. Die *amour passion* eroberte die Herzen im Sturm und breitete sich in ganz Europa aus. Der Roman war Vorbild für Goethes *Die Leiden des jungen Werther* oder Schlegels Roman *Lucinde.* Eine Lesesucht erfasste vor allem die Frauen und ein Umschwung im Denken war in Gang gesetzt. Die Liebe in die Hände der Liebenden zu legen, erschien als ein kühnes Unterfangen – und zugleich als eine ungeahnte Freiheit. Bis zur breitflächigen Durchsetzung des Konzepts „Ehe, weil

Liebe" dauerte es aber noch bis weit ins 19. Jahrhundert hinein.[2]

In Liebesdingen halten noch immer so viele an einer Idee fest, die sich seit damals nicht wirklich weiterentwickelt hat. Es geht nach wie vor um die Beziehung zweier Menschen, die ihr Leben miteinander teilen und romantische Gefühle füreinander empfinden. Diese Art von Liebe gilt als erfolgreich umgesetzt, wenn man mit der Person, in die man sich verliebt hat, eine Beziehung eingeht, die möglichst lange, im besten Fall bis zum Tod, bestehen bleibt. Das Schema finden wir bei Rousseau und auch in den meisten aktuellen Romanen, Filmen oder Abhandlungen über Liebe.

Es ist, als würden wir in einer historischen Pferdedroschke auf die Autobahn fahren. Im 18. Jahrhundert kam die Industrialisierung gerade in Schwung. Diese Zeit ist mit unserem jetzigen Alltag kaum noch vergleichbar. Wo heute Elektroautos über asphaltierte Fahrbahnen gleiten, trabten damals Pferdekutschen über Feldwege. Wo man heute mit Smartphones global vernetzt ist, wurden früher Telegramme getippt und Briefe per Postkutsche verschickt. Heute arbeiten Frauen in Regierungssitzen, bis vor einigen Jahrzehnten durften sie nicht einmal zur Wahl gehen. Und wo in der Arbeitswelt Zunftzwänge herrschten und Menschen für ihr gesamtes Leben an den meist väterlichen Beruf fesselten, sind wir heute ziemlich frei in der Wahl unserer Arbeit. Eine Modernisierung der Liebe ist also längst überfällig.

Die Filmindustrie reproduziert diese alte Idee von Liebe bis heute in immer gleichen Narrativen, und so wachsen wir mit einem ganz bestimmten Bild über die Liebe auf – danke, Walt Disney! Wir lernen von klein auf wie Romantik, Hochzeiten und erste Küsse abzulaufen haben. Auch in der Popindustrie wird besungen, was Liebende alles füreinander bieten sollen: Vertrautheit und Unterstützung, Freundschaft und Loyalität, Romantik und die Erfüllung erotischer Träume, oder wie es Meredith Brooks in einen Song packt:

„I'm a little bit of everything, all rolled into one, I'm a bitch, I'm a lover, I'm a child, I'm a mother, I'm a sinner, I'm a saint, I do not feel ashamed, I'm your hell, I'm your dream, I'm nothing in between, you know you wouldn't want it any other way."[3]

Und aus der männlichen Perspektive haucht Leonard Cohen mit seiner rauen Stimme:

„If you want a boxer, I will step into the ring for you, and if you want a doctor, I'll examine every inch of you, if you want a driver, climb inside, or if you want to take me for a ride, you know you can, I'm your man."[4]

Begleitet wird dieses Ideal von einem enormen Druck, denn wenn die Liebesbeziehung endet, wird dies als Scheitern empfunden. Der Schmerz ist groß und ganze

Lebenskonstrukte zerbrechen. Nicht wenige sehen sich nach einer Trennung vor dem Scherbenhaufen eines ehemals gemeinsamen Zuhauses, eines geteilten Freundeskreises, gemeinsamer Finanzen und geteilter Erlebnisse stehen. Das Ende einer Liebe kann ganze Existenzen vernichten. Solche Tragödien finden sich zahlreich in Romanen. Hier ein paar prominente Beispiele:

„Emma Bovary, Anna Arkadjewna Karenina und Effi von Innstetten, geborene Briest. Sie teilen ihr Schicksal im doppelten Sinne. Zum einen riskieren und verlieren sie ihre Männer, ihre bürgerliche Existenz und dann ihr Leben, weil sie der Versuchung durch einen anderen Mann nicht widerstehen konnten oder wollten."[5]

Die Liebe außerhalb der bestehenden Beziehung ist bis heute eine Bedrohung. Gleichzeitig geht eine große Anspruchshaltung mit dem Wort „Liebe" einher. Wir wollen sie durchschauen, kontrollieren und verbessern. Und zudem wollen wir von ihrer Unberechenbarkeit überrascht und verzaubert werden. Dass dieses Liebesideal überstrapaziert ist und in der Praxis oftmals eine große Überforderung durch die ambitionierte Umsetzung darstellt, wurde längst erkannt, und es gibt einige Lösungsvorschläge.

In den 1960er Jahren etablierte sich in den USA und Europa auch aus diesem Grund die Hippie-Bewegung, in der die Erotik von den Ansprüchen an eine konventionelle Liebe entkoppelt wurde. Viele Menschen leben heute in offenen Beziehungen, lieben polyamorös, haben mehr oder weniger heimliche Affären oder praktizieren eine serielle Monogamie, indem sie mehrere Liebesbeziehungen hintereinander führen. Es ist also schon als Fortschritt zu sehen, die Anforderungen, die eine Liebesbeziehung mit sich bringt, nicht mehr auf einer Person abzuladen, sondern auf mehreren Schultern zu verteilen. Dennoch handelt es sich immer noch um das etablierte Konzept, das inhaltlich kaum verändert wird. Da gibt es aber noch mehr Spielraum für Veränderungen! Die italienisch-amerikanische Philosophin Silvia Federici, die sich seit Jahrzehnten mit den Thematiken von Reproduktionsarbeit, feministischer Revolution und Kapitalismus beschäftigt, schreibt in einem Mailwechsel mit der deutschen Autorin Şeyda Kurt in deren Buch *Radikale Zärtlichkeit:*

„Die romantische Liebe ist nicht die einzige Form der Liebe. Und Liebe ist nicht fix und statisch. Ich glaube daran, dass wir in dem Kampf für gleichberechtigte Beziehungen zwischen Frauen und Männern und in dem Kampf für eine nicht-misogyne Gesellschaft neue Formen der Liebe entdecken werden."[6]

Wenn uns klar ist, dass unser derzeitiges Liebeskonzept zum einen sehr veraltet und zum anderen vollkommen überlastet ist, müssen wir neue Formen der Liebe zu etablieren. Der Begriff „Liebe" beinhaltet viel mehr als nur eine romantische Idee. Liebe findet sich in ganz vielen Bereichen, die ebenfalls einer Betrachtung wert sind. Der Begriff der Liebe ist so vielfältig, dass es geradezu absurd erscheint, dass wir seit über 250 Jahren versuchen, ihn in eine bestimmte Form zu pressen und uns dann wundern, wenn wir daran scheitern. Liebe ist in so vielen Bereichen präsent, dass es gar nicht notwendig ist, alle damit verbundenen Facetten auf einen Punkt zu zentrieren.

Das Vorgehen in diesem Buch ist also, dass wir einmal zerlegen, was das Wort „Liebe" alles bedeuten kann, um dann neu zusammenzusetzen, was Liebe in unserem Alltag und in unserem Leben sein darf – ganz individuell und flexibel an die jeweilige Situation anpassbar. Dazu müssen wir aber bereit sein, den Begriff zu zerdenken und damit alles, was wir von klein auf über die Liebe gelernt haben, neu zu sortieren – *unlearning & relearning love* heißt unsere Mission.

Was kann rein sprachlich gemeint sein, wenn wir „Liebe" sagen? Die Sprache prägt unsere Realität und somit ist es immer spannend, ihren Wegen nachzuspüren. Wenn man die Bedeutung von „Liebe" vielfältig versteht, kann das auch in die Gestaltung der Liebespraxis einfließen. Jede und jeder von uns liebt schließlich auf eine ganz eigenständige Art. Auf in den Dschungel der Liebe!

Liebe als Idee

„I'm in love with you."

Wenn wir anfangen, über Liebe zu sprechen, so können wir dorthin schauen, wo Liebe anfängt. In den meisten Darstellungen wird der Beginn einer Liebesgeschichte als ein Zustand gezeigt, in dem Körper und Geist eine ganz verrückte Symbiose eingehen, irgendwas zwischen Wahnsinn und Rausch, von himmelhochjauchzend bis zu Tode betrübt. Oftmals wird das als „Liebe" bezeichnet, aber man meint etwas anderes, und zwar: das Verlieben. Eine Unkontrollierbarkeit, ein Ausgeliefertsein, eine Überwältigung. Die schwedische Politikwissenschaftlerin Liv Strömquist beschreibt es in ihrem genialen Comic *Der Ursprung der Liebe* so:

„Sich zu verlieben bedeutet ja, dass man völlig machtlos ist, ohne Arme und Beine, sozusagen Dönerfleisch, das sich in einer fettigen Imbissbude immer im Kreis dreht, zu nichts fähig, außer gegrillt zu werden, hilflos, man kann nichts mehr, ist einfach eine Art Ort, ein Ort, der einen Wunsch beherbergt, einen einzigen Wunsch, und zwar, einem blöden Typen namens Kevin (oder so) nah zu sein."[7]

Wie aber passiert es, dass man sich von einem normalen Menschen zu Dönerfleisch verwandelt? Im krassesten Fall geschieht das Verlieben innerhalb von Sekunden. „Liebe auf den ersten Blick" nennt sich dieses Phänomen und wir alle wissen (mal wieder dank Hollywood und Walt Disney), wie es abläuft: Eine Person betritt den Raum und plötzlich steht die Welt still, alles bewegt sich in Zeitlupe, Sterne fallen vom Himmel, Geigenmusik erklingt und es ist klar, dass dieser eine Moment nun das ganze Leben verändern wird – man hat den Menschen gefunden, mit dem man zusammen sein will: Man ist verliebt!

Die biologische Forschung hat diesen Prozess unter die Lupe genommen und festgestellt, dass er tatsächlich ein bisschen in Richtung Wahnsinn geht. Auf hormoneller Ebene und in Hirnscans kann man sehen, dass frisch Verliebte die gleichen Auffälligkeiten zeigen wie Menschen mit Zwangsstörungen oder Suchterkrankungen.

Die Hormone bewegen sich irgendwo zwischen Panikmodus und erhöhter Annäherungsbereitschaft, was sich auch evolutionsbiologisch gut begründen lässt. Für die Kontaktaufnahme zwischen zwei Menschen, die sich nicht kennen, ist es nämlich wichtig, dass die gewohnten Mechanismen für einen Moment außer Kraft gesetzt werden und man sich darauf einlassen kann, mit einer fremden Person innerhalb kürzester Zeit sehr eng und intim zu werden – was ja im „Normalzustand" nicht vorgesehen ist. Wenn sich aus einer Begegnung eine feste Beziehung entwickelt, pendeln sich die Hormone wieder ein.[8]

Es zeigt sich also schon rein körperlich, dass Verliebtsein etwas anderes ist als das, was wir meinen, wenn wir von „Liebe" sprechen. Es ist begrifflich strikt voneinander zu trennen – und das Verlieben eine Analyse wert, um zu verstehen, was Liebe eben *nicht* ist. In der Abhandlung *Über die Liebe* analysiert der Schriftsteller und Philosoph Marie-Henri Beyle unter dem Pseudonym Stendhal die Verliebtheit und nennt sie durchgehend „Liebe" – ein Trugschluss, den man auch in anderen Schriften oft findet. Damit erweist Stendhal uns einen großen Dienst, denn er zeigt, wie nahe die Begriffe beieinander liegen und wie schnell Missverständnisse entstehen.

Zu seinen Lebzeiten findet Stendhals Werk wenig Anklang und wird nur siebzehn Mal verkauft. Er selbst fragt sich, woher das Desinteresse der Gesellschaft an diesem großen Thema rührt und beschließt, dass sein Werk eigentlich für die Zukunft reserviert sei. Und tatsächlich: Nach seinem Tod wird er zur Kultfigur des „Beylismus“ – wie Stendhal selbst seine Weltanschauung scherzhaft nannte. Er findet Lob und Anerkennung bei den großen Literaten wie Nietzsche, Balzac, Tolstoi und Goethe, der ihn so beschreibt: „Er zieht an, stößt ab, interessiert und ärgert, und so kann man ihn nicht loswerden.“[9]

Was man über Stendhal noch wissen sollte, ist, dass er Jahre seines Lebens in einer unerfüllten Liebe zu der politischen Aktivistin Métilde Viscontini Dombrowsky verbringt, Gattin eines napoleonischen Generals, die ihn nie erhört. Er bewegt sich also in der Sphäre eines mittelalterlichen Minnesängers, der seine Geliebte nicht berührt, der die Monologe, die er in seinem Inneren führt, niemals in ein reales Gespräch umsetzt, der nicht verwirklichen kann, wovon er unentwegt träumt. Stendhal erlebt in seinem Leben keine Liebesbeziehung, er verweilt im Verliebtsein. Und das beschreibt er in folgender Metapher:

„In den Salzburger Salzgruben wirft man in die Tiefe eines verlassenen Schachtes einen entblätterten Zweig; zwei oder drei Monate später zieht man ihn über und über mit funkelnden Kristallen bedeckt wieder heraus; [...] man erkennt den einfältigen Zweig gar nicht wieder."[10]

Dieses Bild überträgt Stendhal auf die Verliebtheit, da man die geliebte Person seiner Ansicht nach ebenfalls mit strahlenden und funkelnden Eigenschaften überzieht. Es geht um eine Form der Verklärung und Verzauberung einer anderen Person. Die französisch-israelische Soziologin Eva Illouz fügt in ihrer Abhandlung *Warum Liebe weh tut* einen wichtigen Gedankengang hinzu:

„[Die romantische Einbildungskraft] verwandelt die Liebe in ein vorgreifendes Gefühl, ein Gefühl also, das empfunden und erträumt wird, bevor es sich in Wirklichkeit einstellt; dieses vorgreifende Gefühl wiederum beeinflußt die Einschätzung der Gegenwart, weil es ermöglicht, daß sich reale und fiktionale Emotionen überlagern und ersetzen."[11]

Es ist also nicht nur eine andere Person, sondern auch die Liebe selbst, in die man sich verliebt. Die Idee, dass man jemanden lieben könnte und die Fantasie, wie das dann im Detail aussieht, wie es sich anfühlt und welches Glück es bringt, erzeugt und verstärkt die große Sehnsucht nach der Person, auf die man alles projiziert.

Der von Stendhal beschriebene Prozess der Kristallisation führt zu einem Kreislauf aus Hoffnung und Angst vor der Enttäuschung, der sich immer tiefer in die Seele des Verliebten einfrisst. Je größer die Einbildungskraft ist, je bunter das Bild vom glücklichen Leben ausgemalt wird, je klarer man das Luftschloss sieht, desto drastischer ist das Leid, wenn es nicht real wird. Versuche, wieder zurück zu der ursprünglichen Gefühlswelt zu kommen, scheitern. Der Prozess wird immer intensiver und krasser. Verliebte wandeln „am Rande eines schrecklichen Abgrundes, während das vollkommene Glück greifbar vor [ihnen] schwebt [...]" – diese Phase sieht Stendhal als entscheidend zwischen den Möglichkeiten, „geliebt zu werden oder sterben zu müssen".[12] Hierbei wird deutlich, welche Rolle der Erwiderung der Gefühle sowie deren Umsetzung in eine Partnerschaft oder zumindest in einen Dialog gleicher Erwartung zugeschrieben wird: der des vollkommenen Glücks. Die Liebesbeziehung wird als Erlösung angesehen, als Befreiung und Heilung. Die Hoffnung auf eine Verwandlung von Verliebtsein in Liebe ist also immer Teil des Programms.

Das Verliebtsein kann in einem Augenblick entstehen und uns vollkommen unvermittelt überwältigen. Ist es aber deshalb vollständig losgelöst von der inneren Haltung eines Menschen? Was unterscheidet eine Situation, in der sich zwei Menschen kurz anschauen und bis über beide Ohren verliebt sind, von einer Alltagssituation an der Supermarktkasse, in der nichts passiert, trotz

Blickkontakt? Eine Antwort hierauf findet sich in einer der berühmtesten Liebesgeschichten der letzten Jahrhunderte: *Romeo und Julia.* Als die beiden sich zum ersten Mal begegnen, ist Romeo eigentlich gerade mit einer anderen Herzensangelegenheit beschäftigt, und zwar mit seinem Leid darüber, dass eine gewisse Rosalinde seine Zuneigung nicht erwidert. Romeo zerfließt im Liebesleid: „Liebe ist Rauch, gemacht aus Seufzerschwaden; Geschürt: ein Augenfeuer, drin Verliebte baden; Erstickt: ein Meer, gespeist mit Tränenströmen. Was ist sie sonst? Nur kühlste Raserei, Zuckrige Galle, schale Näscherei." Von seinem Freund Benvolio erhält er den Rat, er solle seinem Auge Freiheit gönnen und sich andere Frauen anschauen. Für Romeo ist das zunächst ausgeschlossen, da er Rosalinde für unübertrefflich schön hält, aber dann erscheint Julia auf seiner Bildfläche und – zack – ist es um ihn geschehen. „Sie hat das Licht zum Leuchten erst gebracht! Sie funkelt an den Wangen dieser Nacht wie im Ägypterohr ein Edelstein – Schönheit unfassbar reich, der Welt zu rein! [...] Augen, vergesst! Kannt ich der Liebe Macht? Nie sah ich solche Schönheit bis heut Nacht!"

Romeo war also schon auf der Suche nach einer Liebschaft, er hatte bereits eine Idee von Liebe und verspürte Sehnsucht nach einer Beziehung. Er wurde nicht aus dem totalen Off von seinen Gefühlen überfallen. Und auch Julia geht nicht unvorbereitet in diese Begegnung.

Da sie schon fast vierzehn Jahre alt ist, macht sich ihre Mutter Gedanken um eine Vermählung. Ihr schwebt ein junger Graf vor und sie gibt ihrer Tochter den Rat: „Lies sein Gesicht, es ist ein offnes Buch, wo Schönheit deine Freuden niederschrieb. Prüf diese Zeilen, die harmonisch fließen, und wechselseitig ihren Sinn erschließen, und wird bei der Lektüre was nicht klar, lies seinen Blick dazu als Kommentar." Der Schuss geht leider nach hinten los, Julia liest nämlich nicht im Gesicht des Grafen, sondern in dem des Sprösslings der verfeindeten Familie: Romeo. Und die Tragödie nimmt ihren wohlbekannten Lauf ...[13]

Was anhand dieser Geschichte deutlich wird, ist, dass es die Bereitschaft einer Person braucht, um die Verliebtheit aufflammen zu lassen. Romeo war ganz klar bereit, ob nun Rosalinde oder Julia, nun ja egal, Hauptsache es knallt. Wäre er noch tiefer in seiner Trübsal gefangen oder gerade mit einem anderen Thema beschäftigt gewesen, Fasanenjagd oder Forellenzucht oder was auch immer junge Adelige zu dieser Zeit so gemacht haben, wäre Julia für ihn überhaupt nicht interessant geworden. Dieser Pragmatismus killt jetzt möglicherweise die Romantik der gesamten Geschichte und macht es beim genaueren Nachdenken irgendwie erstaunlich, dass dieses Paar immer wieder zitiert wird, wenn es um Liebe und Romantik geht, andererseits ist es vielleicht einfach nur ehrlich. Abgesehen davon muss man sich bei all den Interpretationen und Inszenierungen immer wieder bewusst machen, dass *Romeo und Julia* eine Liebesgeschichte zwischen zwei Teenagern ist. Julia ist dreizehn Jahre alt und Romeo vermutlich gerade so im Stimmbruch – und ähnlich wie Stendhal erfahren auch die beiden nie, was die Liebe ist. Es kommt nicht zu einer langfristigen Beziehung oder einem geteilten Alltag. Romeo und Julia bewegen sich rein im Stadium der Verliebtheit.

Verliebtheit und Liebe sind also zwei Paar Stiefel und müssen als getrennte Phänomene jeweils eigenständig betrachtet werden. Die Verliebtheit ist ein möglicher Anfang für eine Liebesgeschichte. Liebe kann aber auch ganz ohne Wahnsinn und Zwangsstörung entstehen. Zum Beispiel verwandeln sich manchmal langjährige Freundschaften in Liebesbeziehungen – Stichwort: „tausendmal berührt" ... Und auch in arrangierten Ehen kann mit den Jahren eine Vertrautheit und Intimität wachsen und zu Liebe werden.

Liebe als Aktion

„I love you."

In einem Song, der über Nacht alle Rekorde bricht, singt die US-amerikanische Pop-Ikone Miley Cyrus folgende Zeilen:

„I can buy myself flowers, write my name in the sand, talk to myself for hours, say things you don't understand, I can take myself dancing and I can hold my own hand, yeah, I can love me better than you can."[14]

Sie bezieht sich damit auf *When I Was Your Man* von Bruno Mars – den Song, den ihr damaliger Ehemann Liam Hemsworth ihr zur Hochzeit gewidmet hat. Darin heißt es:

„I should have bought you flowers and held your hand, should have gave you all my hours, when I had the chance, take you to every party 'cause all you wanted to do was dance. Now my baby's dancing, but she's dancing with another man."[15]

Ihm war also anscheinend bei der Hochzeit schon klar, dass er es versemmeln wird. Womit er allerdings nicht gerechnet hat, ist, dass sein Baby jetzt nicht mit einem anderen Typen tanzt, sondern allein – und zwar ausgesprochen gekonnt, wie man im Musikvideo zu *Flowers* sehen kann.

Der Großteil von Popsongs handelt bis dato von der Sehnsucht nach einer anderen Person oder dem perfekten Liebesglück. Miley Cyrus dreht den Spieß nun um und nimmt die Sache mit der Liebe selbst in die Hand. Was sie hier singt, ist aber eigentlich nicht wirklich neu. Sie bedient sich einer jahrtausendealten Tradition, denn schon Aristoteles rückt in seinen Schriften die Selbstliebe an oberste Stelle. Er nennt diese als Grundvoraussetzung für die Fähigkeit der tugendhaften Liebe zu anderen. In der *Nikomachischen Ethik* schreibt er, dass vollkommene Freundschaft und wahre Liebe, im Griechischen *philia* (φιλία)[16], lediglich zwischen besonders tugendhaften Menschen möglich seien. Nur wer mit sich selbst liebevoll umgehe, könne dies auch seinem Gegenüber entgegenbringen. Außerdem setzt er für diese Form der Liebe Zeit, Beständigkeit und Vertrautheit voraus. In der aristotelischen Tugendlehre ist somit die Selbstliebe die Basis für Freundschaft und Liebe, die wiederum eine Komponente für ein gelungenes Leben darstellen.[17]

Miley Cyrus belässt es in ihrem Popsong erstmal bei der Selbstliebe. Sie zeigt sich damit als emanzipierte Frau, die allein klarkommt und sich bei Bedarf auch selber einen Strauß Blumen kaufen kann. Hier kommt ein Trend zum Vorschein, der in einigen Forderungen des Feminismus seit Jahrzehnten laut ist: die vollständige Unabhängigkeit und Bindungslosigkeit von Frauen gegenüber Männern. Der Song ist ein Zeichen der radikalen Unabhängigkeit, ein Hochpunkt des I-can-do-it-alone-Feminismus und eine knallharte Absage an den bisherigen Liebesmythos, der proklamiert, dass es für jeden Topf den passenden Deckel gebe. Ein Blick auf die aktuelle Realität hingegen macht deutlich, dass auch Frauen, die (finanziell) unabhängig sind, sich oftmals in heteronormativen Paarbeziehungen befinden. Vielleicht ist also die Sehnsucht nach einer Verbindung doch stärker als der Wunsch, allein mit einem Strauß Blumen abzuhängen?

Was wir aus diesem Beispiel lernen können, ist aber noch etwas ganz anderes. Es werden darin ganz konkrete Handlungen beschrieben, die erforderlich scheinen, um Liebe zu gestalten: Schnittblumen kaufen, geschriebene Botschaften am Sandstrand, stundenlange

Gespräche, Tanzen gehen und Händchenhalten. Es gibt also bestimmte Symbole, Worte, Gesten, Situationen und Produkte, die romantisch aufgeladen sind. Zwei Menschen, die im Sonnenuntergang am Strand entlang spazieren, interpretieren wir automatisch als ein Liebespaar; ein Diamantring in einer roten Schatulle lässt uns an eine Verlobung denken, ein Abendessen im Kerzenschein an ein romantisches Date und ein Strauß rote Rosen hat eine ganz bestimmte Message, genauso wie Gesten der gegenseitigen Zuneigung. Innerhalb einer Partnerschaft sind solche Aktionen vollkommen normal und gehören elementar zur Liebespraxis. Liebe lässt sich also aktiv gestalten.

Wenn man aber über Liebe spricht, begegnet man oft der Annahme, dass mit Liebe ein Gefühl gemeint sei. Zum Beispiel, wenn wir Aussagen verwenden wie „Wir lieben uns heiß und innig“ oder „Ich empfinde einfach nichts mehr“. Laut dem Wörterbuch der Philosophie versteht man unter einem Gefühl eine „nicht dem Willen unterliegende, körperlich-seelische Reaktion eines Individuums auf die Inhalte seines Erlebens“[18]. Ein Gefühl ist also etwas wie Wut, Angst, Freude oder Traurigkeit. Es geht mit einer körperlichen und geistigen Regung einher und bezieht sich im Affekt auf etwas, das man wahrnimmt. So gibt es körperliche Zeichen wie Freudentränen, ein plötzliches Erröten, die Schockstarre oder die Erektion, die jeweils ein Gefühl von innen ins Außen bringen. Diese Definition trifft aber auf die Liebe nicht ganz zu. Die deutsche Philosophin Angelika Krebs bezeichnet sie deshalb als „geteiltes Gefühl". Sie beschreibt, dass Liebende nicht nur ihren Alltag und ihre Handlungen teilen, sondern eben auch Gefühle und das eigene Selbst. Dieses Teilen erfolgt laut ihr nicht nur für kurze Augenblicke, sondern erfordert Beständigkeit. Die romantische, partnerschaftliche Liebe sieht sie als einen Dialog an:

„Das Zusammensein mit dem anderen ist zum Ersten fest gewollt und wird zum Zweiten immer wieder als wertvoll und beglückend erlebt. Phasenweise kann die eine oder die andere Seite überwiegen. Der Wille hilft über emotionale Tiefs hinweg und emotionale Hochs helfen, wenn der Wille schwächelt. Aber keine der beiden Seiten darf langfristig ganz fehlen."[19]

Oder wie Whitney Houston singt:

„As the years they pass us by, we stay young through each other's eyes and no matter how old we get, it's okay as long as I got you baby. 'Cause your love is my love and my love is your love."[20]

Ist man aber in einer längerfristigen Bindung und liebt eine andere Person, so sind das keine punktuellen Gefühle, die aufploppen und dann wieder verschwinden, sondern es ist ein dauerhafter Zustand, der im Hintergrund läuft. Liebe ist kontinuierlich anwesend und man kann gleichzeitig Gefühle empfinden, sich freuen, trauern, wütend sein oder weinen. Liebe ist im Gegensatz zu Gefühlen ein langfristiges Phänomen. Nur von einem Gefühl zu sprechen, wenn wir über Liebe reden, erscheint somit nicht ausreichend.

Wie wir vorher schon herausgefunden haben, lässt sich Liebe durch bestimmte Handlungen gestalten. Nehmen wir hierzu doch einmal den Satz „Ich liebe dich" genauer unter die Lupe. Drei magische Worte. Man kann sie unter Bettlaken flüstern oder abfahrenden Zügen hinterherbrüllen. Drei Worte, die eine Situation schlagartig verändern können. Verwendet man das Verb „lieben", so zeigt sich sprachlich, dass man die Liebe anwenden kann, sie lässt sich schließlich als „Tun-Wort" gebrauchen. Anstatt zu „lieben", könnte man synonym auch „verehren", „respektieren", „achten", „wertschätzen", „begehren", „wollen", „bewundern", ... verwenden.

Der spanische Philosoph José Ortega y Gasset bezeichnet Liebe als eine „Gefühlsaktivität"[21]. Ein zentrales Element von Aktivität ist, dass zuvor die Entscheidung getroffen wird, diese auszuführen. In jeder romantischen Liebesbeziehung gibt es den Punkt, dass die Frage im Raum steht: Möchte ich diese Bindung eingehen oder nicht? Denken wir an die kleinen Briefchen, die sich in Klassenzimmern zugeschoben werden: *Willst du mit mir gehen? Ja, nein, vielleicht – Kreuze an!*

Die Entscheidung trifft man, wenn man eine Beziehung beginnt, aber auch innerhalb von bestehenden Liebesbeziehungen spricht man sich immer wieder bewusst für den weiteren gemeinsamen Weg aus – oder dagegen. Auch wenn es natürlich nicht immer so offensichtlich abläuft und manchmal ein schleichender Prozess ist.

Dies findet sich in der klassischen Version des Ehegelübdes: *Versprecht ihr, die Treue zu halten in guten und schlechten Tagen, in Gesundheit und Krankheit, zu lieben, zu achten und zu ehren, bis der Tod euch scheidet? Dann antwortet jetzt mit: Ja, ich will!* Hier wird deutlich: Liebe ist immer eine Entscheidung.

Begreift man das Lieben also als eine Aktivität, so wird deutlich, dass es erlernbar, ausbaufähig und entwickelbar ist. Man kann mehr oder weniger stark, gut oder gekonnt lieben. Ähnlich wie bei einem Handwerk handelt es sich auch bei der romantischen Liebe um eine Fähigkeit, die geübt und perfektioniert werden kann. Um einen Tisch zu fertigen, braucht man Wissen über das Material, die Verarbeitung und das Werkzeug. Außerdem muss man dieses Wissen praktisch anwenden können. Der Psychoanalytiker Erich Fromm hat in seiner Abhandlung *Die Kunst des Liebens* eine Anleitung für dieses Erlernen von Liebe geschrieben. Er stellt fest, dass die Fähigkeit des Liebens zu einer vollen Entfaltung kommt, wenn theoretisches Wissen und die praktische Tätigkeit miteinander verschmelzen und man so zu einer Intuition gelangt.[22] Erich Fromm bemängelt aber, dass der Wille, sich in dieser Fähigkeit weiterzubilden, bei vielen eher hintenansteht:

„Trotz unserer tiefen Sehnsucht nach Liebe halten wir doch fast alles andere für wichtiger als diese: Erfolge, Prestige, Geld und Macht. Unsere gesamte Energie verwenden wir darauf zu lernen, wie wir diese Ziele erreichen, und wir bemühen uns so gut wie überhaupt nicht darum, die Kunst des Liebens zu erlernen."[23]

Wenn wir aber damit beginnen möchten, können wir bei der Kommunikation anfangen. Kommunikation ist ein elementarer Bestandteil in Liebesbeziehungen. Liebespaare outen sich als solche, wenn sie sich zur Begrüßung oder einfach mal so küssen, Berührungen und Zärtlichkeiten austauschen oder in der Öffentlichkeit Händchen halten. Liebende labeln sich gegenseitig mit bestimmten sprachlichen Besonderheiten. Zum einen tätigen sie Aussagen in der Wir-Form: „Wir lieben uns", „Wir haben einen Golden Retriever" oder „Wir sind schwanger". Zum anderen gibt es feste Begriffe, um sich gegenseitig zu benennen: „Das ist mein Mann/Partner/Lebensabschnittsgefährte ...", oder in der direkten Ansprache: „Mein Liebling/Mein Schatz/Mein Herz/Meine Sonne/Mein Zuckerstück" – hier ist der Fantasie keine Grenze gesteckt.

Es gibt bestimmte Geschenke und Symbole wie gemeinsame Nachnamen, Eheringe oder Trekkingjacken im Partnerlook, die den Liebeskontext für Außenstehende bewusst machen. In einer Liebesgeschichte gibt es irgendwann ein erstes Auftauchen eines solchen Elementes und damit eine neue Form der Kommunikation, die sich innerhalb der Beziehung etabliert. Werden diese Elemente vergeblich erwartet, führt es zum totalen Frust. Kommen sie hingegen zu schnell, zu krass, zu geballt, so können sie Angst machen und zu Fluchtgedanken führen.

Was darüber hinaus noch betrachtet werden muss, wenn man den Satz „Ich liebe dich" analysiert, ist, dass dieser nur funktioniert, weil er auch ein Objekt enthält, in diesem Fall das Du. Wenn man nur „ich liebe" sagen würde, so käme unweigerlich die Frage: „Wen oder was liebst du denn?" Das Lieben hat also einen Bezug, es braucht etwas, mit dem es zusammenhängt. Es kann nicht allein für sich stehen, wie zum Beispiel „ich tanze".

Das „Objekt" der Liebe kann vieles sein: ein für mich besonderer Mensch, ein Haustier, ein Kaffee und eine Zeitung zum Frühstück, die Farbe einer Krawatte, ein schickes Auto, die Heimat und vieles mehr. Die Liebe, die wir in Partnerschaften, Beziehungen, Ehen oder Affären finden, unterscheidet sich aber von nicht-zwischenmenschlichen Formen der Liebe, denn für eine funktionierende Liebesbeziehung zwischen Menschen muss die Liebe kommuniziert werden. Sie funktioniert wie ein

Pakt, ein Vertrag oder ein gemeinsames Versprechen. Meine Heimat, mein Auto, meinen Hund oder die Farbe einer Krawatte kann ich lieben, ohne dass diese darüber Bescheid wissen und damit einverstanden sind.

Die Verliebtheit funktioniert auch heimlich und einseitig: „Ich bin in Harry verliebt, aber er weiß nichts davon", ist ein möglicher Satz, ebenso wie man gegenüber Harry eine tiefe Liebe empfinden kann, ohne dass er davon ahnt. – Im Rahmen einer Liebesbeziehung klappt das aber nicht: „Ich bin seit fünf Jahren mit Harry zusammen, aber er weiß nichts davon" – hier stellen sich dann zumindest einige Fragen. Heißt das aber nun im Umkehrschluss, dass in Liebesbeziehungen automatisch Liebe vorhanden ist? Leider ist die Antwort hier ein klares Nein, denn es kann natürlich sein, dass die Liebe bei einer Person im Laufe der Zeit verschwindet oder gar nie da war und die Beziehung mit einer Täuschung begonnen hat.

Kommunikation innerhalb von Liebesbeziehungen ist also ein zentrales Element. Der Soziologe und Systemtheoretiker Niklas Luhmann bezeichnet Liebe sogar generell als ein symbolisch generalisiertes Kommunikationsmedium und ordnet sie neben Wahrheit, Geld, Macht und Kunst ein:

„Liebe [ist] kein Gefühl, sondern ein Kommunikationscode, nach dessen Regeln man Gefühle ausdrücken, bilden, simulieren, anderen unterstellen, leugnen und sich mit all dem auf die Konsequenzen einstellen kann, die es hat, wenn entsprechende Kommunikation realisiert wird."[24]

Es setzt voraus, dass man sich innerhalb einer Liebesbeziehung in Denken und Handeln aufeinander bezieht und sich gegenseitig Wünsche, Sehnsüchte und Bedürfnisse erfüllt. Was daran besonders tricky ist, liegt laut Luhmann in der Liebe selbst begründet. Liebe ist ihm zufolge Teil eines sozialen Systems, in dem die Romantik umso höher bewertet wird, desto weniger sie kommuniziert wird. Es wäre nämlich nicht einmal halb so romantisch, wenn man innerhalb einer Liebesbeziehung klare Ansagen machen würde, im Gegenteil: Es gehört dazu, dass man die geheimsten Sehnsüchte und Wünsche des Gegenübers von selbst errät und sie selbstverständlich erfüllt, ohne dass darüber auch nur ein Wort gesprochen werden muss. Stellen wir uns einmal vor, in einem Liebesfilm sagte jemand: „Ich erwarte übrigens, dass du morgen Abend mit hundert roten Rosen, einem Geigenspieler oder einem Dutzend weißer Tauben vor meinem Fenster stehst und mir deine tiefen Gefühle offenbarst." – Jegliche Romantik wäre passé und wir würden diese Person als realitätsfremd und verrückt abstempeln. Setzt man eine solche Geste aber ohne vorherige Kommunikation, ohne Aufforderung, ganz von sich aus, so gilt sie als große Romantik (sofern man auf

Gegenliebe stößt, anderenfalls kann es auch schnell als pathologisches Stalker-Verhalten ausgelegt werden, mit Geigen und Tauben nachts vor anderer Leute Fenster rumzulungern).

Eine Liebe, wie wir sie in Disney-Filmen kennengelernt haben, ist also ein Paradox, ein von vornherein zum Scheitern verurteiltes Vorhaben und somit eine logische Fehlkonstruktion, die im realen Leben nur schwer umsetzbar ist. Vielleicht können wir in Zukunft daran denken, bevor wir wieder in Trübsal versinken ...

Andersherum bedeutet diese Aktivität des Liebens aber auch, dass man in wenigen Schritten eine funktionale Beziehung hochfahren kann, sofern man eine bestimmte Dramaturgie einhält. Tätigen die beteiligten Personen im Wechselspiel die für sie richtigen Handlungen, so entsteht Liebe wie in einem Ping-Pong-Spiel. Man trifft sich, tauscht Telefonnummern, schreibt sich flirty Nachrichten, trifft sich wieder, küsst sich, hat beim dritten Date Sex, zieht nach sechs Monaten zusammen, heiratet nach drei Jahren, bekommt zwei Kinder, baut ein Haus, pflanzt einen Baum, kauft einen Golden Retriever – fertig ist die Liebe!

Wie plan- und berechenbar dies sein kann, zeigt sich in dem deutschen Spielfilm *Ich bin dein Mensch* der Regisseurin Maria Schrader. Er erzählt von dem Humanoiden Tom, also einem Roboter, der mittels künstlicher Intelligenz darauf programmiert ist, der perfekte Partner zu sein. Die Forscherin Alma zeigt sich skeptisch, nimmt Tom aber für ein wissenschaftliches Gutachten in ihrem Leben auf. Innerhalb kürzester Zeit schafft es Tom mit den richtigen Worten und Handlungen, Alma zu erobern, auch wenn sie sich mit Herz und Verstand dagegen wehrt. Das Verlieben erscheint in dieser Darstellung wie ein Algorithmus, der mit der richtigen Dosierung von Nähe und Distanz umgesetzt werden kann. In ihrem Gutachten kommt Alma zu dem Schluss, dass ein solcher Roboter in einer Partnerschaft perfekt funktioniert, da er alle Sehnsüchte erfüllt, das Verlangen befriedigt, das Gefühl allein zu sein, eliminiert und glücklich macht. Doch fragt sie weiter:

„Ist der Mensch wirklich gemacht für eine Befriedigung seiner Bedürfnisse, die per Bestellung zu haben ist? Sind nicht gerade die unerfüllte Sehnsucht, die Fantasie und das ewige Streben nach Glück die Quelle dessen, was uns zum Menschen macht? [...] Was wäre dann noch der Antrieb, sich mit herkömmlichen Individuen zu konfrontieren? Sich selbst hinterfragen zu müssen, Konflikte auszuhalten, sich zu verändern. Es steht zu befürchten, dass jeder, der länger mit einem Humanoiden zusammengelebt hat, unfähig sein wird zu einem normalen menschlichen Kontakt.“[25]

Hier zeigt sich, was in vielen Texten über die Liebe deutlich wird: die Sehnsucht nach dem Unperfekten. Die Unerfüllbarkeit der Liebe liegt im Konzept begründet und das Liebesleid wird oftmals als elementarer Bestandteil einer möglichst großen und tiefen Liebesbeziehung verstanden. Viele Kunstschaffende sehen im Liebeskummer einen Antrieb für ihre Kreativität. Man darf sich also selbst fragen: Wie viel Glück halte ich überhaupt aus und wie viel unerfüllte Liebe brauche ich als Motivation, Antrieb oder Raum für Melancholie? Auch sexuelle Erfüllung wird oftmals mit der Unerreichbarkeit der Liebe in Verbindung gebracht und in langjährigen, stabilen Beziehungen eher als verschwindend beschrieben. Und damit gehen wir zum nächsten Thema: Erotik!

Liebe als Erotik

„Let's make love!"

„Sleeping in my car, I will undress you, sleeping in my car, I will caress you, staying in the back seat of my car, making love, oh yeah!"[26], singen Roxette im Jahr 1994. Das Auto als Rückzugsort, als Refugium, ein abgeschlossener Raum, außerhalb von elterlicher oder nachbarschaftlicher Hörweite. Die Liebe, die dort passiert, ist laut, heiß und schweißtreibend. „Schmatz, piep, peng, blubber, uhh, aaaaah, seufz, ohh, aua, mhm, uhu, oho, nah, ja, nein, gluck, kleck, wow, wau, schlabber, schlürf, wuff, oink, miauu ..."[27] – so klingt Liebe machen!

Der Begriff „Liebe" wird also oftmals gebraucht, wenn es um Sex geht. Es klingt irgendwie kultivierter, nicht ganz so dirty und lässt Spielraum für Interpretationen: Vielleicht flüstern sie sich ja auch nur Zärtlichkeiten zu, dort auf dem Rücksitz des Autos? Und wie sollte man auch sonst dazu sagen? Die Schriftstellerin Benoîte Groult beschreibt in ihrem 1988 erschienenen Bestseller *Salz auf unserer Haut* die Suche nach den richtigen Worten wie folgt:

„Wie soll man anrühren, indem man ‚Coitus' sagt? [...] Und ‚Penetration'? Klingt ungemein juristisch. ‚Ist es zur Penetration gekommen, Fräulein X?' ‚Unzucht treiben' gehört in den Dunstkreis von Beichtstuhl und Sünde. Und ‚Kopulation' klingt nach Mühsal, ‚Begattung' klingt tierisch, ‚schlafen mit' ist langweilig und ‚vögeln' hört sich nach Schnellverfahren an. Oder lieber ‚quindipsen' oder ‚das Schatzkästlein aufschließen'? ‚Den Specht hacken lassen' oder ‚die Liebesgrotte abkühlen'? [...] und dann gibt es noch das brave ‚ins Bett gehen', es steht allzeit zur Verfügung und hat kaum noch einen emotionalen oder erotisch-skandalösen Beiklang. Es ist literaturunfähig, gewissermaßen."[28]

So bleibt die Autorin in ihrem gut 300 Seiten schweren Werk weitestgehend bei „Liebe machen", außer dann, wenn sie richtig ins Detail geht. Zumindest aber meint sie mit „Liebe" durchwegs „Sex", zum Beispiel, wenn sie von einem „vor Liebe schmerzenden Körper"[29] schreibt. In ihrem Roman begleitet sie die Pariser Intellektuelle George und den bretonischen Fischer Gauvain auf deren erotischen Abenteuern. Sie zeigt eine entfesselte Sexualität aus weiblicher Perspektive. Zwei Jahre lang ist das Buch, das Benoîte Groult mit 65 Jahren auf der Grundlage von autobiografischen Erlebnissen schreibt, in den deutschen Bestsellerlisten und verkauft sich weltweit über drei Millionen Mal.

Etwa ein viertel Jahrhundert später erobert im Jahr 2012 ein anderes Sex-Buch den Markt. Die Trilogie *Shades of Grey* erreicht Verkaufszahlen wie kein anderes Taschenbuch zuvor – weltweit gehen über siebzig Millionen Exemplare über den Tisch. Es ist erneut ein Tabubruch, der weniger aufgrund seiner literarischen Qualität als seiner Verkaufszahlen eine Betrachtung wert ist. Warum treffen diese Bücher auf so ein großes gesellschaftliches Interesse? Vielleicht liegt es in der Grenzüberschreitung und der Enttabuisierung bestimmter Themen begründet. Als man sich noch zwei Jahrzehnte zuvor bei *Salz auf unserer Haut* echauffiert hat, wenn überhaupt offen über Sexualität geschrieben wurde, gilt es 2012, eine neue Grenze zu überschreiten. Dies gelingt der Autorin von *Shades of Grey*, Erika Leonard James, mit einer ausführlichen Darstellung von sexuellen Praktiken aus der Welt des BDSM[30]. Es geht um Macht und Unterwerfung, um Herrschaft und Gehorsam, um Grenzen und deren Überschreitung. Gleichzeitig wird in *Shades of Grey* nochmal deutlich, dass sich der Plot von Liebesgeschichten seit Jahrhunderten stark ähnelt. Auch hier treffen zwei Menschen aufeinander, die nicht aus derselben Welt kommen. Während Christian Grey ein Milliardenunternehmen führt, tritt Literaturstudentin Anastasia Steele als Verlagsassistentin ihren ersten Job an. WG-Zimmer trifft auf Luxusloft, ein alter VW Käfer auf Helikopterflüge, Mittelschicht auf Elite. Diese Kluften besiegen die beiden durch ihre alles überwindende Liebe. Sie bestehen Prüfungen, mit dem Ziel, für immer vereint sein zu können – ein Schema, das wir schon bei Romeo und Julia finden. In beiden Fällen beginnt die Liebesbeziehung mit einer unmittelbaren und starken Attraktion der Beteiligten, in beiden Fällen liegen Standesunterschiede vor, es gibt jeweils Entscheidungen, die aufzeigen, dass die Bereitschaft vorhanden ist, für diese Liebe alles zu geben. Die Beteiligten erkennen das wahre Selbst ihres Gegenübers, sehen das Besondere, das sie abhebt von allen anderen Menschen und finden somit letztlich sich selbst durch die Liebe. Was *Shades of Grey* oder *Salz auf unserer Haut* grundlegend unterscheidet von *Romeo und Julia* ist die zentrale Funktion der Erotik innerhalb der Liebesgeschichte. Aber was genau ist Erotik überhaupt?

Der Begriff „Erotik“ lässt sich auf Platon zurückführen. Im *Symposion* philosophieren Gelehrte (um 400 vor Christus) in Athen über *eros* (ἔρως). Hier versammeln sich verschiedene, zum Teil auch widersprüchliche Reden über die Liebe. Sokrates bezeichnet sie als das Begehren schöner Körper, das weiterführt zum Begehren des schönen Geistes. Es handelt sich also um eine stufenweise Entwicklung vom Physischen in metaphysische Bereiche, die dann vom reinen Trieb sehr weit entfernt sind. Liebe ist hier ein Prozess, der zu keinem Endpunkt gelangt, niemals stillsteht und niemals vollkommen sein kann. Es geht um Begierde, um Verlangen, um eine wilde, rasende, leidenschaftliche Kraft, die uns lenkt, jenseits von Rationalität, Klarheit und Kalkül.[31] Es ist also in erster Linie wieder einmal der Akt der Verliebtheit, der hier beschrieben und oftmals als „Liebe“ interpretiert wird. Platon spricht sich deutlich gegen diesen Wahnsinn und für die Enthaltsamkeit aus. Dies wiederum findet sich heute in dem Ausdruck der „platonischen Liebe“, die sich rein auf einer geistigen Ebene bewegt.

Die einzige Frau, die im *Symposion* erwähnt wird, ist die Priesterin Diotima. Sie beschreibt *eros* als etwas „Mittleres“, das sich zwischen dem Sterblichen und dem Unsterblichen befinde und der Unwissenheit sowie der Weisheit als vermittelndes und erklärendes Element diene.[32] Die Liebe bewegt sich also zwischen Armut und Reichtum, zwischen dem Schönen und Hässlichen, zwischen den Göttern und den Menschen. Liebe ist als eine dynamische Bewegung zwischen den beiden Polen „Fülle“ und „Mangel“ anzusehen.

Ebenfalls im *Symposion* wird der Gott Eros als kindhaftes Wesen beschrieben, das sich durch seine Unvorsichtigkeit und Launen auszeichnet, aber auch allmächtig und unwiderstehlich ist: Hier ist Eros das Kind von Penia, der personifizierten Armut, und Poros, der Personifikation der Fülle und Findigkeit (in der griechischen Mythologie gibt es aber auch die Versionen, dass er keine Eltern hat oder ein Sohn von Aphrodite und Ares ist). Weiter wird er als Liebhaber des Schönen beschrieben, der aber selbst rau, struppig, barfuß und obdachlos ist. Er ist tapfer, waghalsig und unermüdlich, ein Freund der Weisheit, also ein Philosoph. Was er gewinnt, zerrinnt ihm gleich wieder und so ist er an einem Tag in voller Blüte, kurz darauf rafft es ihn wieder dahin[33] – kurz: Er ist manisch-depressiv.

In der römischen Mythologie wird die Figur des Eros Amor oder Cupido genannt und ist das Kind von Kriegsgott Mars und der Liebesgöttin Venus. „Mit den Kriegswaffen des Vaters, Pfeil und Bogen, schießt er das Anliegen der Mutter, die Liebe, in die Herzen der Menschen", schreibt Rüdiger Dahlke und sieht hierin eine Metapher für die Verbindung von Aggression und Liebe[34] – im Krieg und in der Liebe sind alle Mittel erlaubt, sagt ja auch ein Sprichwort.

Dass erotische Vorstellungen ebenso wie Liebeskonzepte kulturell geprägt werden und somit ständig einem Wandel unterworfen sind, wird klar, wenn man einen Blick in die unterschiedlichen Epochen und Kulturen wirft. Wo wir in den meisten Fällen die Monogamie praktizieren, gibt es in anderen Ländern andere Sitten. Beispielsweise Gesellschaften in Tibet vor der chinesischen Okkupation, in denen Frauen mehrere Männer, zumeist Brüder, heiraten – ganz ohne Eifersuchtsdramen. Außerhalb dieser Konstellation führt Sex aber auch hier zu den bekannten Ehebruch-Szenarien. Bei den Inuit ist ein früher Brauch dokumentiert, der die freundliche Geste beinhaltet, dass die Ehefrau des Gastgebers nach dem Essen mit dem Gast ins Bett geht. Außerhalb dieses Rituals ist eine solche sexuelle Freiheit allerdings nicht gestattet.[35]

Erotik ist also ebenso wie Liebe ein kulturhistorisch unterschiedlich geprägtes Phänomen. Noch ein Beispiel aus der Antike: Zu Zeiten Platons ist die Knabenliebe eine gängige Form der Liebespraxis. Dabei geht es um Beziehungen von Männern zu meist minderjährigen Jugendlichen, die in einem Schüler-Lehrer-Verhältnis körperliche und geistige Tugenden weitergeben. Eine Praxis, mit der man sich heute strafbar macht, wird damals als eine Form der Aufklärung betrachtet.

Wie aber findet die sexuelle Aufklärung heutzutage statt? Zum einen auf einer sehr sachlichen Ebene im Schulunterricht und zum anderen ganz privat im (heimlichen) Konsum von pornografischem Bildmaterial. Je nach Generation bedeutet dies, dass man in Buchhandlungen oder Zeitschriftenkiosks in Erotikmagazinen blättert, (väterliche) Videosammlungen durchstöbert oder – hello Digitalisierung! – in den unzähligen Datenbanken des weltweiten Internets surft. Der deutsche Hirnforscher Gerald Hüther sieht hier eine große Gefahr, da Kinder und Jugendliche schon in einem sehr jungen Alter Zugriff auf krasseste sexuelle Darstellungen haben, lange bevor sie selbst sexuell aktiv werden. Die damit verbundene Bildwelt und Erwartungshaltung führt seiner Ansicht nach zu einer Verhinderung wahrer Erotik.[36]

Eine Sexualität zu finden, die nicht von pornografischen Bildern, schamhaften Empfindungen und unbeholfenen Selbstversuchen geprägt wird, erscheint als Herausforderung. Diese beschreibt die ehemalige Prostituierte und Körperforscherin Ilan Stephani in ihrem Buch *Finde deine sexuelle Kraft*. Sie sagt, dass man Erotik und Ekstase sowohl im Sex, aber auch in ganz anderen Bereichen finden kann:

„[...] in Zufällen, in Fitnessstudios, auf Yogamatten, in Träumen und in Beinmuskeln, im Herzen, im Wald, im Abendkleid und im Lachanfall. Sie können durch Berührung entstehen oder ohne Berührung. Zu zweit, zu zehnt oder einfach nur mit sich allein – und mit dem ganzen Kosmos."[37]

Warum der Zugang zur Ekstase für viele so schwer ist, erklärt Ilan Stephani damit, dass wir durch Erziehung, Konditionierung und einem verfestigten Denken über Sexualität nicht mehr dazu in der Lage sind, wir selbst zu sein, sondern bestimmte Anteile von uns abspalten, negativ bewerten, anzweifeln und letztendlich nicht mehr spüren. Um dies wieder zu erlernen, empfiehlt sie den Solosex als Anfang:

„Sie bestimmen den Rahmen, das Tempo, die Dauer, den Ort, den Inhalt und die Requisiten. Sie können sich alle Zeit der Welt nehmen oder direkt zur Sache kommen. Ganz wie Sie wollen. Sie haben es in der Hand, Ihre Session maximal stressfrei und maximal genüsslich zu gestalten.“[38]

Wenn man auf diesem Weg erfolgreich erforscht hat, wie die eigene Erotik funktioniert und man bei Sex nicht mehr an Stress, sondern an „Loslassen, Spiel und Erholung“[39] denkt, dann kann man sich einlassen auf ein Gegenüber und gemeinsam erkunden, welche Möglichkeiten es im Dialog der Körper gibt.

„Sie landen in einem vollkommen anderen Selbstbild als dem, welches Sie jahrzehntelang entwickelt und geglaubt haben. Sie landen in einer Realität, in der Sie ein sexuelles Wesen sind, das Energie generiert, statt sie zu brauchen. Sie erleben sich unweigerlich als ein Wesen, das überfließt, statt zu nehmen, das sexuellen Flow erzeugt, statt ihn zu verheizen, das Sex schenkt, statt zu benutzen.“[40]

Hilfreich erscheint es auch, die Sexualität aus ihrer Tabuzone und dem damit verbundenen Schweigen zu holen. In *Queer Sex – whatever the fuck you want*, einer Abhandlung und Anleitung für ein buntes und vielfältiges Liebesleben, heißt es:

„Das Gefühl irgendwie allein zu sein auf der Welt – das hatten fast alle von uns schon einmal. Vielleicht denkst du, du bist die Einzige, die Sex auf die Art geniesst, wie du es tust. Oder du bist der Einzige, der sich zwar in Menschen verliebt, aber keinen Sex mit ihnen haben will. Oder du merkst: Mann oder Frau – diese Kategorien haben mit mir nichts zu tun. Doch du bist nicht allein. Du findest andere Leute mit ähnlichen Geschichten."[41]

Ganz grundsätzlich lässt sich die Sex-Etikette gut auf einen ebenfalls in diesem Buch enthaltenen Satz herunterbrechen: „Sei kein Arschloch."[42]

Woher kommt aber die Scham, die sich oftmals in der Sprache über Sexualität niederschlägt? Die bereits erwähnte italienisch-amerikanische Philosophin Silvia Federici beschäftigt sich in ihrer Forschung nicht nur mit Care-Arbeit, sondern auch mit der Kolonialisierung von Frauenkörpern und bietet in ihrem feministischen Standardwerk *Caliban und die Hexe* einen Erklärungsansatz: Im 16. und 17. Jahrhundert erfolgt für Frauen und queere Menschen eine sexuelle Repression, da alle nicht-produktiven Formen von Sexualität als ein Akt mit dem Teufel deklariert und verfolgt werden. Das Sprechen über Lust und Körperlichkeit wird erzwungen und führt nicht selten zum Tod:

„Die Inquisitoren zwangen die vermeintlichen Hexen auf geradezu rituelle Weise, zu erklären, wie sie in ihrer Jugend das erste Mal vom Teufel genommen wurden, was sie bei der Penetration verspürten, welche unsauberen Gedanken sie gehegt hatten. Die Bühne, auf der sich dieser eigenartige Diskurs über die Sexualität entfaltete, war jedoch die Folterkammer, und die Fragen wurden zwischen den Schlägen des *strappado* an Frauen gerichtet, die vor Schmerz verzweifelt waren."[43]

Wenn man bedenkt, dass kollektive Traumata über Generationen weitervererbt werden, und diese dunkle Epoche die Urgroßmütter unserer Urgroßmütter miterlebt haben, so scheint es begreiflich, dass uns auch heute noch die Worte fehlen. Vielleicht ist „Liebe machen" letztlich also doch eine gute Handlungsempfehlung. Denn wenn man es genauso meint, dann liegt darin das Potenzial von Heilung, von gegenseitigem Respekt und von einer Auflösung der Scham.

Liebe als Person

„You are the love of my life."

„Du bist der Leuchtturm. Letztes Ziel. / Kannst Liebster, ruhig schlafen. / Die Andern ... das ist Wellenspiel, / Du aber bist der Hafen."[44] – so schreibt die Lyrikerin Mascha Kaléko in ihrem Gedicht *Für Einen*, ein Gedicht für eine große Liebe. Was aber ist gemeint, wenn wir uns bei dem Satz „Ich liebe dich" auf den letzten Bestandteil – das Du – konzentrieren? Was bedeutet es, wenn wir jemanden „eine Liebe" nennen? Es ist dann eine bestimmte Person gemeint. Man findet dies in Sätzen wie „Du bist die Liebe meines Lebens" oder „Auch nach ihrem Tod war sie noch immer seine große Liebe". Synonym könnte man sagen „Du bist der tollste Mensch der Welt“ oder „Du bist der oder die Einzige für mich“. Die Verlobungsfrage „Willst du meine Frau oder mein Mann werden?“ zeigt noch deutlicher, was gemeint ist: Möchtest du der *eine* Mensch für mich sein? Möchtest du, dass ich *dich* meine, wenn ich sage: „Ich liebe dich“?

Solche Aussagen sind natürlich auch in polyamorösen Beziehungen möglich und nicht nur zwischen zwei Menschen. Man kann mehrere Menschen gleichzeitig lieben oder zeitlich nacheinander. Es geht aber in jeder Beziehungsform darum, dass die Personen durch den Kontext der Liebe zu etwas Besonderem werden. Wir bewegen uns jetzt hauptsächlich im Feld der romantischen oder partnerschaftlichen Liebe, aber zum Teil funktionieren die hier aufgeführten Gedanken und Theorien auch in anderen Bereichen. Erich Kästner beschreibt beispielsweise die Beziehung zu seiner Mutter als einzigartig:

„Meine Mutter blickte weder nach links noch nach rechts. Sie liebte mich und niemanden sonst. Sie war gut zu mir, und darin erschöpfte sich ihre Güte. Sie schenkte mir ihren Frohsinn, und für andere blieb nichts übrig. Sie dachte nur an mich, weitere Gedanken hatte sie keine. Ihr Leben galt mit jedem Atemzug mir, nur mir.“[45]

Menschen, die man liebt, können sich also auch in anderen Bereichen finden als in Partnerschaften – es lohnt sich immer, *outside the box* zu denken.

Aber nun wieder zurück in die Box! Im romantischen Kontext gibt es eine sehr alte Geschichte, die immer wieder zitiert wird, wenn es um die Paarbildung geht: der Mythos des Kugelmenschen. Dieser findet sich im bereits erwähnten *Symposion.* Dort wird erzählt, dass die Menschen in ihrer ursprünglichen Form rund seien, mit zwei Gesichtern, vier Händen, vier Füßen – und dadurch unheimlich stark und intelligent. Es gibt sie in drei Geschlechtern: männlich, weiblich und eine Mischform aus beidem. Aus Übermut wagen sie sich an die Gottheiten heran und wollen sich einen Zugang zum Olymp verschaffen. Zeus ist darüber wenig amüsiert und beschließt, die Kugelmenschen zu zerteilen, um sie zu schwächen. Er schneidet sie also in der Mitte entzwei und heilt die verwundeten Stellen. So erhalten die Menschen ihre heutige Form und sind seither auf der Suche nach ihrer passenden zweiten Hälfte. Bis zur Wiederverschmelzung mit dieser vergeht man im sehnsüchtigen Verlangen, wieder ganz zu werden, man erträgt es nicht, ohne die andere Hälfte zu sein und erfährt in dieser Begierde laut Platon eine Form der Liebe. Findet man die passende Hälfte, so kommt man in den Urzustand des Kugelmenschen zurück, wenn auch nur für kurze Momente: zum einen auf der körperlichen Ebene – im sexuellen Akt ist man vereint und bildet physisch ein Kugelwesen –, aber auch eine geistige Verschmelzung ist möglich, was man allgemein eine Seelenverwandtschaft nennt. Und wie erkennt man, dass man seine perfekte andere Hälfte gefunden hat?

Hier gibt es im *Symposion* eine relativ simple Antwort: Wenn man das Verlangen hat, Tag und Nacht zusammen zu sein, ohne Pause oder Lücke und wenn die Vorstellung, dass man wieder zusammengeschmolzen wird, bei keinem von beiden auf Widerstand stößt, so hat man die passende Hälfte gefunden.[46] Die Verschmelzungstheorie basiert auf einem großen Versprechen: Wenn du deine andere Hälfte findest, bist du nicht mehr allein. Was für manche nach einer großen Erfüllung klingt, ist für andere die absolute Horrorvorstellung.

Im Kugelmenschen-Mythos wird diverse Sexualität als Normalzustand angesehen: ehemals männliche Kugelwesen suchen ihren männlichen Part, ehemals weibliche ihr weibliches Gegenstück, die Mischwesen suchen sich ein andersgeschlechtliches Wesen. Ansonsten ist diese Ansicht über Liebesbeziehungen eher mit Vorsicht zu genießen. Die verschmelzenden Automatismen, die in Partnerschaften oftmals einsetzen, sind stereotyp: gemeinsame Urlaube, gemeinsame Schlafzimmer, Outfits im Partnerlook. Im Fall einer Trennung müssen dann alle Bereiche wieder mühsam auseinanderdividiert und zwei Leben neu zusammengesetzt werden. Bis heute hört man aber immer wieder von der Verschmelzung, zum Beispiel, wenn man die „bessere Hälfte" einer Person vorgestellt bekommt.

Auch die bereits erwähnte deutsche Philosophin Angelika Krebs sieht diese Theorie kritisch. Sie bemängelt, dass die Verschmelzungstheorie der Autonomie und Individualität der Einzelpersonen nicht gerecht wird, wobei es in der Liebe darum gehe, dass beide die Verantwortung für sich selbst und für das Gemeinsame tragen. Ein echtes Miteinander ist laut ihr nur möglich, wenn die Grenzen des jeweiligen Ichs erhalten bleiben.[47]

Der koreanisch-deutsche Philosoph Byung-Chul Han sieht diesen Unterschied und die Wahrnehmung der Andersartigkeit in unserer Zeit als stark gefährdet an. In seiner Abhandlung *Agonie des Eros* zeigt er auf, dass wir in der kapitalistisch geprägten Kultur mit ständigen Vergleichen nach Konformität streben, jede Form von Diversität vernichten und die Gesellschaft somit immer narzisstischer wird. Er schreibt dazu:

„Der Narzissmus ist keine Eigenliebe. Das Subjekt der Eigenliebe nimmt zugunsten seiner selbst eine negative Abgrenzung vom Anderen vor. Das narzisstische Subjekt kann dagegen seine Grenzen nicht klar festlegen. [...] Es ist nicht fähig, den Anderen in seiner Andersheit zu erkennen und diese Andersheit anzuerkennen. Bedeutungen gibt es nur dort, wo es sich selbst irgendwie wiedererkennt. Es watet überall im Schatten seiner selbst, bis es in sich ertrinkt."[48]

Byung-Chul Han betrachtet als eine Folge des Narzissmus die Depression als Krankheit und als eine Folge des Leistungsdenkens das Burnout. Einen Ausweg aus diesem Teufelskreis der Selbstbezogenheit, der damit einhergehenden Selbstausbeutung und Erschöpfung sieht er einzig in der Liebe. Sie macht laut Byung-Chul Han theoretisch eine Wahrnehmung der Andersartigkeit möglich, allerdings zweifelt er an einer praktischen Umsetzung in unserer Gesellschaft. Er sieht hierfür die Notwendigkeit einer Apokalypse, die uns aus „der Hölle des Gleichen zum Anderen hin" befreien und erlösen kann.[49]

Wer ähnlicher Meinung ist, aber nicht auf die Apokalypse warten möchte, kann der Paarbildung auch einfach komplett aus dem Weg gehen. Christiane Rösinger, deutsche Autorin und Bandmitglied der Lassie Singers und von Britta, schreibt in ihrem Buch *Liebe wird oft überbewertet:*

„Das Pärchentum bringt immer die schlechtesten Eigenschaften des Einzelnen nach oben und produziert deshalb am laufenden Band unglückliche Paare, die wie geprügelte Hunde nebeneinander durchs Leben schleichen. Trauerumflorte Gestalten, die man nur in wenigen Augenblicken, wenn der Partner nicht da ist, kurz und heimlich aufatmen sieht. Menschen, die wie Steine nebeneinandersitzen, die in Pizzerien verzweifelt das Besteck streicheln, um sich nicht anschauen oder miteinander sprechen zu müssen. Es ist absurd: Autonome Menschen tun sich freiwillig zusammen und werden zu mobilen Paargefängnissen, sind dabei aber verzweifelt bemüht, die Illusion einer glücklichen Beziehung aufrecht zu erhalten."[50]

Wenn man jetzt das Bedürfnis nach Alleinsein verspürt, kann man sich an dieser Stelle zurücklehnen und das Leben als Single genießen. Wer aber Lust hat auf eine weitere Sichtweise, bekommt noch eine Portion Existentialismus, und zwar von dem französischen Philosophen Jean-Paul Sartre. Seine Werke zu lesen, ist an sich schon ein Vergnügen, aber noch mehr Spaß macht es, wenn man weiß, was er sich vor dem Schreiben alles eingebaut hat.

„Innerhalb von vierundzwanzig Stunden ernährte er sich von zwei Päckchen Zigaretten, mehreren Pfeifen mit starkem Tabak, über einem Liter Alkohol – Wein, Bier, Wodka, Whiskey und so weiter –, zweihundert Milligramm Amphetaminen, fünfzehn Gramm Aspirin, einigen Gramm Barbituraten und dazu von Kaffee, Tee und schweren Mahlzeiten."[51]

An dieser Stelle ein kleiner Tipp an alle, die mitten im Philosophiestudium stecken: Entspannt euch! Es ist vielleicht gar nicht notwendig, sich stundenlang den Kopf darüber zu zerbrechen und in akademischen Diskussionen ernsthaft klären zu wollen, was ein vollständig zugedröhnter Philosoph im Corydran[52]-Rausch verfasst hat. Aber nun zum Inhaltlichen!

Jean-Paul Sartre beschreibt in seinem Werk *Das Sein und das Nichts*, warum ein Zusammenspiel von zwei Personen und die damit verbundene gegenseitige Wahrnehmung spannend ist. Was macht es mit uns, wenn wir auf andere Menschen treffen? Sartre gibt uns ein Beispiel:

„Nehmen wir an, ich sei aus Eifersucht, aus Neugier oder lasterhafterweise so weit gekommen, mein Ohr an eine Tür zu legen oder durch ein Schlüsselloch zu spähen. Ich bin allein und befinde mich auf der Ebene des nichtsetzenden Bewußtseins von mir. Das bedeutet zunächst, daß es kein Ich gibt, das mein Bewußtsein bewohnen könnte. Es gibt also nichts, zu was ich meine Akte in Beziehung setzen könnte, um sie näher zu bestimmen."[53]

Man ist in diesem Moment allein und denkt nicht groß über sich selbst nach. Die Aufmerksamkeit liegt ja auch hinter der verschlossenen Tür, durch die man späht. Auf einmal hört man aber hinter sich Schritte auf dem Flur und weiß: Man wurde entdeckt. Durch die Situation des Gesehen-Werdens verändert sich laut Sartre augenblicklich auch die eigene Wahrnehmung. Es entstehen Gefühle, die man zuvor nicht empfunden hat, wie zum Beispiel Scham oder ein Unwohlsein. Eine andere Person ist also ein Mittel zur Selbstentdeckung und Selbstwahrnehmung.

Dies ist natürlich nicht immer einfach. Wie in dem Schlüsselloch-Beispiel gezeigt wird, erfährt man hier erst ein negatives Gefühl durch den Blick einer anderen Person. In Liebesbeziehungen ist man diesem Blick relativ unvermittelt und recht häufig ausgesetzt. Man ist bei vielen Tätigkeiten und in vielen Situationen nicht allein und unbeobachtet. Das kann freilich ungemütlich sein, triggern und sich mitunter auch schmerzhaft anfühlen.

Andererseits liegt in dieser Konfrontation auch die Chance einer positiven Verstärkung. Der französisch-marokkanische Philosoph Alain Badiou betont in seinem *Lob der Liebe*, dass es in der Liebe darum gehe, sich durch das Gegenüber zu erfahren und an dessen Andersartigkeit zu wachsen:

„[Die Liebe ist] gerade an das Sein des anderen gerichtet, an den anderen, wie er mit seinem Sein bewaffnet in mein Leben getreten ist und es damit zerbrochen und neu zusammengesetzt hat. [...] Was ist die Welt, wenn man sie zu zweit und nicht alleine erfährt? Was ist das für eine Welt, die ausgehend vom Unterschied und nicht von der Identität erforscht, praktiziert und gelebt wird. Ich denke, dass das die Liebe ist."[54]

Okay, sind wir jetzt wieder bereit, über die „Pärchengefängnisse" neu nachzudenken? Dann können wir nämlich überlegen, was in einer Situation passiert, in der wir jemanden eine „Liebe" nennen und innerhalb einer gefestigten Beziehung gleichzeitig betrachtet werden und betrachten. Michael Kühler, deutscher Philosoph, betont in seiner Forschungsarbeit über die Liebe, dass es zu dem paradoxen Charakter der Liebe gehört, sowohl Passivität als auch Aktivität zu beinhalten – obwohl man diese beiden Prinzipien ja eigentlich als unvereinbare Gegensätze versteht. Dadurch, dass man in einer Liebesbeziehung aber zwei Rollen einnimmt, die sehende und die gesehene, die gebende und die annehmende, ist man sowohl in einer aktiven als auch in einer passiven Haltung. Um „die Liebe“ von jemandem zu sein, empfängt man auf der einen Seite Fürsorge, man gibt sich hin und lässt sich verzaubern. Auf der anderen Seite zeigt man für das Gegenüber aktiv Sorge, Verantwortung, Respekt; und man weiß vieles über sein Gegenüber. Hier wird deutlich, dass es sich bei der Entscheidung für eine Liebesbeziehung um eine Verantwortung handelt, die man für eine Person übernimmt. Ein Mensch ist laut Michael Kühler nur dann in der Lage, uns zu verzaubern, wenn durch sein Wesen sehr tiefgründige und intime Vorlieben erfüllt werden, die wiederum unseren Charakter ausmachen. Was sich nicht so einfach klären lässt, ist der Widerspruch, der in der Liebe an sich zu finden ist. Einerseits begreifen wir Liebe als eine willentliche Entscheidung, also als etwas Aktives, und andererseits gehört es ebenso zum Wesen der Liebe, dass sie uns widerfährt und beispielsweise an der Supermarktkasse begegnet. Dann sind wir ihr passiv ausgeliefert. Diese Paradoxie ist in der Liebe verankert und lässt sich nicht auflösen. Liebe ist also aktiv und passiv zugleich.[55]

Wenn wir aber nochmal zurückgehen zu der Art und Weise, wie wir lieben, stellt sich die Frage, warum man genau *diese* Person liebt und nicht jemand anderen. Es geht hier um bestimmte Eigenschaften, die uns in den Bann einer Person ziehen. Diese sind ganz unterschiedlich. Es können Äußerlichkeiten sein, die als attraktiv empfunden werden, oder Charaktereigenschaften, die man als wertvoll betrachtet. Wer auf wen abfährt, ist total individuell und liegt in der jeweils einzigartigen Verfassung eines Wesens und der Natur einer jeden Seele begründet. Der britische Philosoph John Wilson hat in seinem Werk *Ich liebe dich, so wie du bist* hierzu noch einen guten Tipp: Er unterscheidet die Eigenschaften einer Person in *extrinsische,* also Eigenschaften, die jemand als zufällig begreift, und *intrinsische,* die unmittelbar und untrennbar zu der Identität einer Person gehören.[56] Wichtig für die Liebe ist seiner Ansicht nach, dass sich die Einordnung der Eigenschaften durch die beiden Liebenden nicht allzu sehr unterscheidet. Wenn eine Person an der anderen etwas schätzt, das diese als zufällig und unwichtig erachtet, so führt das zu Problemen. Sollte jemand, salopp gesagt, seine Gattin am allermeisten dafür lieben, dass sie so tolle lange Locken hat, und die Gattin lässt sich eines schönen Tages einen Kurzhaarschnitt verpassen, weil ihr selbst die Haarpracht herzlich egal ist, so wäre es nämlich mitunter aus und vorbei mit der Liebe.

Außerdem müssen die entscheidenden Eigenschaften wirklich geliebt und nicht nur gemocht, bewundert, bestaunt oder respektiert werden. Man kann jemanden nur als Ganzes lieben; mögen hingegen kann man auch einen gewissen Teil. Ein Beispiel: „Ich schätze ihn als Lehrer, aber privat möchte ich lieber nicht mit ihm abhängen." Das bedeutet allerdings im Umkehrschluss nicht, dass man einen geliebten Menschen ausnahmslos bejahen und jede einzelne Eigenschaft an ihm lieben muss. Vielmehr geht es in der Liebe darum, jemanden *trotz* der Fehler, schlechten Angewohnheiten und dessen charakterlichen Unzulänglichkeiten zu lieben.

Abschließend lässt sich an dieser Stelle noch recht gut erklären, warum partnerschaftliche Liebe am besten zwischen Menschen funktioniert. Es gibt zwar Beispiele wie Erika Eiffel, eine Meteorologin und Kampfjet-Copilotin aus San Francisco, die 2007 den Eiffelturm in Paris geheiratet hat und von einer ernstzunehmenden Liebesbeziehung zwischen ihr und dem architektonischen Wahrzeichen spricht. Ebenso wie Eija-Riitta Eklöf-Berliner-Mauer, die zehn Jahre glücklich mit der Berliner Mauer verheiratet war und seit dem 9. November 1989 verwitwet ist. Oder eine Frau in Indien, die keine Lust hatte auf eine normale Ehe und sich lieber mit einer Heiligen Schrift des Hinduismus vermählte.[57]

In Großbritannien hat die 49-jährige Elizabeth Hoad nach 220 gescheiterten Dates ihren Golden Retriever geheiratet – sie ganz klassisch in Weiß, der Hund in Frack und Zylinder[58]. Die Liebe zu Tieren findet sich auch in der Biografie des spanischen Künstlers Pablo Picasso, der eine sehr innige Beziehung zu seiner Ziege Esmeralda pflegte.[59] Wie sehr die Konturen von Tierliebe verschwimmen und entgleisen können, zeigt sich in dem dokumentarischen Film *Animal Love*[60] des österreichischen Regisseurs Ulrich Seidl.

Und nicht zuletzt heiraten immer mehr Menschen sich selbst oder haben Beziehungen zu virtuellen Chatbots, wie sie beispielsweise die App *Replika* produziert. Die Reichweite liegt im Millionenbereich und erzeugt damit eine Thematik, die uns in Zukunft noch beschäftigen wird.

Setzt man für die Liebe ein gegenseitiges Wahrnehmen voraus, das Wechselspiel von aktiv und passiv und die Fähigkeit, Eigenschaften wertschätzen zu können, so ist dies für Gegenstände und auch für Tiere eher schwer vorstellbar. Wie gut eine Künstliche Intelligenz mit diesen Parametern umgehen kann, ist eine spannende Frage, die neue ethische Diskussionen erfordert.

Liebe als Institution

„Our love is everlasting."

Mit „Liebe" kann eine Partnerschaft, eine Beziehung, eine Einheit, eine Verbindung, eine Verschmelzung, eine Gemeinschaft, ein Zusammensein, ein Wir oder eine Ehe gemeint sein. Wenn wir von der Liebe als eine Form der Beziehung sprechen, als Institution oder als Konstrukt, so ist das beispielsweise in folgenden Sätzen der Fall: „Unsere Liebe ist einzigartig", „Unsere Liebe ist zerbrochen", „Unsere Liebe zeigt Früchte in Form unserer Kinder". Es geht dabei um etwas, das man miteinander aufbaut. Ein Nest, ein Zuhause, ein Refugium. Dies kann eine gemeinsame Geschichte, ein gemeinsames Zuhause oder auch ein gemeinsames Schlafzimmer sein (obwohl man doch erwiesenermaßen allein so viel besser schläft!). Wie schon anhand der Verschmelzungstheorie gezeigt, wird dann aus einem *mein* ein *unser* und aus einem *ich* ein *wir*.[61] Dass dieser Prozess oftmals nicht konfliktfrei abläuft, da es dabei um Verhandlungen geht, die ins kleinste Detail führen können, liegt auf der Hand.

Innerhalb der institutionalisierten Liebe sind das Zusammenleben sowie die Verteilung sozialer und ökonomischer Güter juristisch geregelt. Welche Besitztümer bei einer Eheschließung oder einer Beziehung mit welchen Rechten und Pflichten einhergehen, kann relativ klar festgelegt und im Zweifel gerichtlich verhandelt werden. Auch im Erbrecht, bei Mitgiften, Schenkungen und Unterhaltszahlungen spielen Lebenspartnerschaften und Liebesbeziehungen eine Rolle. Was hingegen in jeder Liebesbeziehung individuell verhandelt werden muss, ist die Verteilung von gegenseitiger Zuneigung, Sorge und Respekt.[62] Aber wo erhalten wir Ratschläge oder Vorbilder für diese Form der Beziehungsarbeit? Der russische Schriftsteller Leo Tolstoi bemängelt an den vielen Erzählungen über Liebesbeziehungen:

„Romane schließen damit, dass Held und Heldin heiraten. Dabei müßte man damit anfangen, aufhören aber damit, daß sie sich wieder trennen, das heißt befreien. Denn das Leben von Menschen so beschreiben, daß man mit der Schilderung der Hochzeit abbricht, ist nicht anders, als beschriebe man die Reise eines Mannes und bräche den Bericht an der Stelle ab, wo er Räubern in die Hände fällt."[63]

Über die Entstehung von Liebesbeziehungen erfahren und wissen wir viel mehr als über ihr Bestehen, siehe Hollywood, siehe Walt Disney – mal wieder. Aber was braucht es, um eine stabile Beziehung zu führen? Wie teilten die vielen, vielen Liebenden vor uns ihren Alltag, ihre Aufgaben, ihre Wünsche und ihre Sehnsüchte? Welche Tricks gibt es? Wer nicht auf einen der zahllosen Liebesratgeber zurückgreifen möchte, sondern Hilfe in der Literatur sucht, wird in einem Roman des französischen Schriftstellers Alexandre Jardin fündig: *Die Insel der Linkshänder.* Dieser handelt von Lord Jeremy Stork und seiner Frau Emily, einem englischen Aristokratenpaar Anfang des 20. Jahrhunderts, und deren Bemühungen, ein erfülltes Eheleben zu gestalten. Sie sind beide frustriert vom Alltag, fühlen sich um ihre Hoffnungen betrogen und sind nicht bereit, sich mit der Unvollkommenheit und Tristesse ihrer Liebesbeziehung zu arrangieren. Mehrfach steht der Gedanke der Trennung im Raum.

Als letzte Option sehen Jeremy und Emily die Flucht aus ihrem Leben auf die Insel der Linkshänder – ein von der Welt abgeschotteter Ort mitten im Pazifik. Hier hat ein schiffbrüchiger Kapitän eine utopische Gesellschaft gegründet, „[...] in der die Sorge um die Liebe und die Suche nach Zärtlichkeit Aggressionen, persönlichen

Vorteil, Konkurrenzdenken und Besitzstreben, kurz, die treibenden Kräfte unserer Zivilisation ersetzen würden."[64] Da er selbst Linkshänder ist und sich deshalb zeit seines Lebens falsch vorkam, in einer Welt, in der alle Türklinken anders herum ausgerichtet sind, hat er auf der Insel eine entgegengesetzte Welt erschaffen – in jeglicher Hinsicht.

Zusammen mit ihren drei Kindern, ihrem Butler und einem Papagei reist das junge Ehepaar Stork mit einem Heißluftballon dorthin. Emily ist sofort begeistert von der Schönheit und Eleganz der Bewohner auf der Insel, die mit ihrer sensiblen Männlichkeit, ihrem feinsinnigen Charme und einer respektvollen Zügellosigkeit nichts mit den „schmerbäuchigen, nach säuerlichem Schweiß riechenden *gentlemen* der Londoner Gesellschaft"[65] gemein haben. Auch Jeremy wird sofort von der ausgelassenen und lustvollen Atmosphäre der Insel erfüllt. Es gibt dort weder Autos noch Telefone, um möglichst achtsam und stressfrei leben zu können. Mit technischer Unterstützung werden lediglich die lästigen Arbeiten des Alltags gering gehalten, wie beispielsweise durch Waschmaschinen. In der Architektur steht die Autonomie der Paare im Vordergrund. Die Häuser haben zwei Eingänge, zwei Briefkästen und zwei getrennte Wohnbereiche. Sie werden eigens von den Männern für die Frauen angefertigt und entgehen dem europäischen Standard mit Schlafzimmer, Wohnzimmer, Kinderzimmer, Küche, Bad. Alle individuellen Bedürfnisse werden auf das Liebesleben zugeschnitten. In einigen Anwesen gibt es Hängemattenzimmer, Bibliotheken oder Rosengärten – Geld spielt in dieser Utopie keine Rolle. Vermutlich liegt hierin bereits ein grundlegender Tipp für eine entspannte Beziehung: finanzielle Sorglosigkeit und ein Butler, der Hausarbeiten und Kinderbetreuung übernimmt.

So ist es also auch Emily und Jeremy möglich, sich vollständig auf ihre Beziehungsarbeit zu konzentrieren. Sie reisen dazu etwa auf die Insel des Schweigens, an einen Ort, an dem sich Paare einander ohne Worte öffnen und sich an der gegenseitigen Schönheit erfreuen sollen. Die Eheleute erleben hier aber nicht das paradiesische Glück, sondern werden durch Eifersucht und Verzweiflung zu einer sexuellen Offenheit in ihrer Beziehung getrieben. Durch diese Erfahrung lernen sie, ihre Scham abzulegen und die eigenen Egos hintanzustellen. So zeigen sie immer mehr ihr wahres Ich. Sie lernen, sich Geschenke zu machen, Gesten ihrer Zuneigung im Alltag zu etablieren und ihre gemeinsame Sexualität immer mehr und lustvoller auszuleben. Und auch wenn der Roman nur als Utopie funktioniert, so kann man die darin enthaltenen Ideen doch als Inspiration und als Beziehungstipps der etwas anderen Art ansehen.

Es lässt sich auch an diesem Beispiel ein Merkmal herausfinden, das für die Liebe als Institution elementar ist: eine gemeinsame Liebesgeschichte. Man kann von einer „Historizität der Liebe" sprechen, wie es die belgisch-amerikanische Philosophin Amélie Oksenberg Rorty nennt. Eine Liebesbeziehung zeichnet sich laut ihr durch eine Kontinuität der Liebe aus. Der Wunsch nach Beständigkeit bedeutet, dass wir uns nach einer stabilen Beziehung sehnen, die auch in der Zukunft existiert. Die Liebe verspricht dann Sicherheit und Halt, bietet Raum für Vertrauen, Entspannung und einen Rahmen, in dem man ganz so sein kann, wie man ist. Die Liebenden sind sich gegenseitig ein Zuhause. Beständigkeit bedeutet aber nicht, dass alles so sein und bleiben muss, wie es ist, sondern hält auch Raum für Veränderungen bereit. Wenn sich die persönlichen Lebensumstände der liebenden Personen ändern oder wenn Elemente wegfallen, die einstmals auslösend für das Entstehen der Liebe gewesen sind, kann eine Liebesbeziehung dennoch weiterbestehen. Ansonsten wäre kein Freiraum für eine Entwicklung der beteiligten Personen möglich und die Liebe würde zu „einem konservierenden und konservativen Gefängnis" werden, das die Liebenden dazu verpflichtet, so zu bleiben wie sie sind.[66]

Betrachtet man ein Paar, das sich nach mehreren Jahrzehnten immer noch liebt, so werden nicht mehr viele Bestandteile der Anfangszeit ihrer Liebe bestehen. Das Haar ist ergraut, die ehemals zarte Haut liegt in Falten, das einst straffe Gesäß ist erschlafft; man geht nicht mehr nächtelang zusammen tanzen und die hitzigen Diskussionen haben sich vielleicht in ein angenehmes Schweigen verwandelt. Durch die Anpassungsfähigkeit der Liebe ist ihre Existenz dennoch möglich. Die Veränderungen der Personen führen zu einer ständigen Neuformation der Liebesbeziehung. Es besteht also eine Dynamik im Lieben. Man liebt immer mal wieder auf eine andere Weise, das Gegenüber wird dabei jeweils neu wahrgenommen.[67] Durch die gemeinsame Geschichte wird der oder die andere zu einem Teil der eigenen Biografie und zu einem dauerhaften Bestandteil im gemeinsamen Alltag. Wie sich Beziehungen gestalten lassen, ist immer so individuell wie die daran beteiligten Personen.

Man kann sich eine institutionelle Liebe vorstellen wie eine Firma. Zu Beginn fusionieren zwei eigenständige Unternehmen und schließen sich zusammen. Ab diesem Zeitpunkt muss verhandelt werden, wer für welche Aufgaben zuständig ist, welche Abteilungen beibehalten werden, was zusammengelegt und was abgestoßen wird. Wer wird CEO? Gibt es eine Co-Leitung der gesamten Firma oder übernimmt jeweils eine Person ihre eigenen Abteilungen? Diese Entscheidungen haben mitunter große Auswirkungen auf den Alltag. Hat beispielsweise eine Person die Verantwortung für die Finanzen, die andere den Posten der Reproduktion, so mag das auf den ersten Blick als eine gerechte Arbeitsteilung erscheinen. Es ist aber nur dann gerecht, wenn die Kosten-Nutzen-Bilanz für alle Beteiligten gleich ausfällt, sprich die Gehälter, Arbeitszeiten, Altersvorsorgen und so weiter in gleichen Teilen angerechnet werden.

Wenn man sich für eine Aufteilung der Aufgaben abseits der traditionellen Rollenverteilung entscheidet, so müssen alle Bereiche neu verhandelt werden. Die bereits zitierte Soziologin Eva Illouz schreibt hierzu:

„Die heutige Heterosexualität basiert auf einer Unklarheit über die Rollen, in denen Männer und Frauen ihre Identitätsmerkmale miteinander tauschen, so daß beide effektiv androgyn werden und jede stabile Geschlechtsidentität grundsätzlich in Frage stellen müssen."[68]

Klare Geschlechterrollen bieten laut ihr Sicherheit und wenig Bedarf an Verhandlungen, da eindeutig ist, wer wofür zuständig ist. Als einen spielerischen Umgang mit den Rollenbildern nennt sie BDSM-Sex, da innerhalb dieser Praxis die Themen Macht und Dominanz auf neuen Wegen erforscht werden können.[69]

In modernen Beziehungen, die nicht auf traditionelle Rollenmuster zurückgreifen können oder wollen und in denen man sich auch ohne Kabelbinder und Reitpeitsche einigen möchte, müssen dementsprechend alle Bereiche verhandelt werden. Das erfordert zum einen Zeit, zum anderen ist es oftmals auch anstrengend und frustrierend, wenn keine guten Kompromisse gefunden werden. Dennoch ist es ein lohnenswerter Weg, den schon unsere Ahninnen und Ahnen gegangen sind, zum Teil mit knallharten Verhandlungspositionen, und damit die Welt in kleinen Schritten verändert haben.

Liebe als Utopie

„Love is all you need."

Die Liebe ist in unserer Gesellschaft zentral verankert. Das Verständnis von Liebe durchzieht alle historischen, kulturellen und sozialen Ordnungen. Es beschäftigt uns aber auch individuell ein Leben lang. Liebe wird von Teenagern ebenso praktiziert wie von Ehepaaren im Rentenalter, von allen Geschlechtern und in unterschiedlichen Beziehungskonstellationen. Und selbst für Singles spielt der Liebesbegriff als Leerstelle eine Rolle. Gleichzeitig ist dieser Begriff enorm wichtig, weil es identitätsstiftend ist, was und wen ich liebe – oder eben nicht. Nehmen wir zum Beispiel die Schauspielerin Meghan Markle. Ihr Leben wäre ganz anders verlaufen, wenn sie sich nicht in Prinz Harry verliebt hätte. Wäre sie an dem Abend, an dem sie ihn kennenlernte, einfach zu Hause geblieben und hätte sich im Fernsehen eine Tierdokumentation angesehen, dann sähe ihr Alltag heute ganz anders aus. Die Liebe ist eine Macht, die das Leben innerhalb kürzester Zeit grundlegend verändern kann.

Was ist es aber, das die Liebe so wichtig und zu einem Grundbedürfnis, einem gelungenen Leben zugehörig macht? Es ist eine tiefe Sehnsucht, die sich hier spüren lässt. Ein Bedürfnis nach Sicherheit und Gemeinschaft, das für unser (Über-)Leben zentral ist. Schon als Neugeborene erfahren wir die Liebe und die Nähe zu anderen als absolut notwendig, und Bindungstheorien zeigen, wie wichtig eine intakte erste Beziehung für das spätere Aufwachsen ist. Wer hier bereits Unsicherheiten und Defizite erfährt, reproduziert diese Erfahrungen in späteren Beziehungen.[70] Deshalb ist es unerlässlich, dass wir in einer Umgebung mit möglichst viel Liebe aufwachsen und leben können. Es ist also ein wichtiger Punkt, dass wir die Liebe in unserem Alltag und in unserem Sein etablieren. Es ist somit auch nicht verwunderlich, dass sie in unserer Gesellschaft mitunter Charakterzüge einer Religion aufweist.

Das deutsche Soziologenpaar Elisabeth Beck-Gernsheim und Ulrich Beck zeigt in seinem gemeinsamen Werk *Das ganz normale Chaos der Liebe*, wo sich Parallelen finden. In der westlichen Gesellschaft verliert Religion immer mehr an Bedeutung, die Zahl der Kirchenaustritte steigt und Gottesdienstbesuche sind im Vergleich zu den Generationen vor uns zu einer Seltenheit geworden. Die Religion ist aber nicht gänzlich fort. Die Rituale und Traditionen sind nicht verschwunden, sie haben lediglich eine andere Form gefunden und werden in dieser fortgeführt – zum Beispiel in der Liebe. Liebe und Religion sind beides: „[...] ein Schlüssel aus dem Käfig der Normalität. Sie öffnen die Normalität auf einen anderen Zustand hin. Die Bedeutungspanzer der Welt werden aufgebrochen, Wirklichkeiten anders und neu erstürmt. In der Religion geschieht dies auf eine Wirklichkeit hin, die als Überwirklichkeit die Endlichkeit des menschlichen und alles anderen Lebens in sich enthält. In der Liebe erfolgt dieses Aufschließen der Normalität sinnlich, persönlich, in sexueller Leidenschaft, aber auch in der Öffnung des Blicks füreinander und für die Welt. Die Liebenden sehen anders und sind daher anders, werden anders, erschließen einander neue Wirklichkeiten."[71]

Oder wie es der deutsche Schriftsteller Philipp Schönthaler in seinem Erzählband *Nach oben ist das Leben offen* formuliert: „Für Liebende riecht Stroh anders als für Pferde."[72] Ähnlich wie die Religion bringt die Liebe Sinnhaftigkeit in den normalen Alltag. Sie erhebt die Liebenden zu etwas Besonderem, sie verspricht

Hoffnung auf Erlösung (… mit dem oder der Richtigen wird alles besser!) und eine ewige Beständigkeit (… bis dass der Tod uns scheidet). Es gibt die Tradition der Beichte und die Angst vor dem Verstoß in die Hölle sowohl im Religiösen als auch im Kontext der Liebe.

Liv Strömquist zeigt in ihrem Comic *Der Ursprung der Liebe*, dass es sowohl in der Religion als auch in der Liebe die gleichen Haltungen gibt: die Erweckten, die ihr Liebesglück überhaupt nicht fassen können und vollständig selig sind; die Atheisten, die nicht an die Liebe glauben; die Missionare, die alle bekehren möchten; die Zweifler; die Orthodoxen, die auf eine genaue Einhaltung der Liebeslogik bestehen und letztlich die Ketzer, die sich zeitgleich mit fünf anderen Personen verloben und sich nicht an die vorgegebenen Spielregeln halten.[73]

Die Liebe verspricht wie die Religion eine Erlösung – allerdings im Diesseits – und es gibt zahlreiche Gebote, die für eine erfüllte Liebe zu befolgen sind. Grundsätzlich lassen sich die christlichen Gebote auf den Liebesglauben übertragen: „Du sollst nicht lügen", „Du sollst nicht begehren deines Nächsten Frau", „Du sollst keine anderen Götter haben" und so weiter. Im Liebesglauben steht die geliebte Person gottesgleich im Zentrum. Sie wird angebetet, verehrt und erteilt in priesterlicher Manier die Absolution im Sündenfall. Dazu gibt es „abgegriffene Symbole und Klischees (etwa rote Rosen) auch bei ansonsten kulturell anspruchsvollen und auf Originalität bedachten Personen“[74] – Kosenamen, Musikstücke, Andenken an die Liebesgeschichte –, die zu einem erlebten Gemeinsamkeitsgefühl beitragen, ähnlich religiösen Symbolen.

Die Liebe ist aber nicht das einzige Phänomen, das in unserer Zeit Parallelen zu einer Religion zeigt. So können auch Konsumartikel, Sportarten, berufliche Karrieren, Kinder, die Selbstverwirklichung und viele andere Phänomene ähnliche Züge aufweisen. Die Liebe ist also eine von vielen Nachreligionen, die unsere heutige Zeit prägen.[75] Und doch bietet sie eine „[...] paßgerechte Gegenideologie der Individualisierung. Sie betont die Einzigartigkeit, verspricht die Gemeinsamkeit der Einzigartigen, nicht durch Rückgriff auf ständische Überlieferungen, Geldbesitz, rechtliche Ansprüche, sondern kraft Wahrheit und Unmittelbarkeit des Gefühls, des individuellen Lebensglaubens und seiner jeweiligen Personifizierung. Die Instanzen der Liebe sind die vereinzelten Individuen, die nur kraft ihrer Begeisterung füreinander sich das Recht nehmen, ihr eigenes Recht zu schaffen“.[76]

Der Vollständigkeit halber sei hier noch eine Form der Liebe genannt, die meistens in einem Zug mit *eros* und *philia* aufgezählt wird, und zwar *agape* (ἀγάπη – lateinisch *caritas*). Diese Form der Liebe tritt vor allem im religiösen Kontext auf und bezeichnet eine Liebe, die selbstlos und ohne Motiv funktioniert. Eine Liebe, die ohne Sinnlichkeit und rein geistiger Natur ist. Der Begriff umfasst zum einen die schöpferische und erlösende Liebe Gottes zu den Menschen, zum anderen die Liebe der Menschen zu Gott und schließlich die Nächstenliebe rein unter Menschen.[77] Die Liebe ist nicht nur mit der Religion vergleichbar, sondern spielt auch in ihr eine zentrale und starke Rolle.

Die US-amerikanische Literaturwissenschaftlerin und feministische Aktivistin bell hooks (das Pseudonym ist der Name ihrer indigenen Großmutter) schreibt in ihrem Werk *alles über liebe* ebenfalls über den Zusammenhang mit Religion. Sie stellt fest, dass die Liebe als aktive Kraft ein zentrales Element in allen Weltreligionen darstellt. Außerdem charakterisiert sie die westliche kapitalistische Gesellschaft als liebesfeindlich und lebensbedrohlich nihilistisch. Die Spiritualität und die damit verbundene Sehnsucht nach einer allumfassenden Liebe setzt sie dieser Ansicht entgegen:

„Wenn ich vom Spirituellen spreche, beziehe ich mich auf die Erkenntnisse in jedem Menschen, dass es etwas Mystisches in unserem Leben gibt; Kräfte, die jenseits des menschlichen Verlangens oder Willens liegen, Einfluss auf Gegebenheiten nehmen und/oder uns führen und leiten. [...] Die Verpflichtung zu einem spirituellen Leben bedeutet zwangsläufig auch, dass wir das Prinzip akzeptieren, dass Liebe alles ist, unser wahres Schicksal."[78]

Begreift man die Liebe in diesem Sinne und damit als eine Urkraft des Lebens, als Grundmotivation und Handlungsorientierung, so erhält sie das Ausmaß einer Utopie. Dann fließt alles zusammen, was wir bisher über die Liebe gelesen haben und was wir darüber hinaus über sie wissen. Es vernetzt und verknüpft sich und bildet ein System, das überall ist.

Der Begriff der Liebe hat nicht nur eine religiöse oder spirituelle Komponente, sondern auch eine politische Bedeutung. Er ist relevant im Kampf für die Achtung der Menschenrechte, gegen Sexismus und Diskriminierung auf individueller sowie gesellschaftlicher Ebene. In manchen Fällen hat die Liebe sogar juristische oder lebensbedrohliche Konsequenzen. Personal in Strafvollzugsanstalten wird beispielsweise entlassen, wenn es sich mit Inhaftierten einlässt; ebenso droht Lehrkräften die Suspendierung bei einer Liebesbeziehung mit Schutzbefohlenen. Die Liebe kann also den Job kosten. Oder den Kopf. Noch heute wird in vielen Staaten gleichgeschlechtliche Liebe mit dem Gefängnis oder sogar mit dem Tod bestraft. Es ist also alles andere als egal, wen man liebt und wie man liebt. Die Definition von Liebe ist somit keine reine Privatsache, sondern gesellschaftlich prägend und rechtlich relevant. Wenn wir also bereit sind, offen und neu über unser Liebeskonzept nachzudenken, können wir die Welt zu einem Ort mit entsprechend mehr Freiheit, Vielfalt und Demokratie machen. Über Liebe zu sprechen ist immer ein politischer Akt.

In vielen aktuellen Texten und Theorien über Liebe wird – zu Recht – proklamiert, dass Kapital und Vermögen sich hauptsächlich in männlicher Hand befinden, während Frauen seit Jahrhunderten einen Großteil der Care-Arbeit in unserer Gesellschaft leisten. Heteronormative Liebesbeziehungen, die Ehe sowie die Kernfamilie sind Orte der Machtungleichheit. Innerhalb der meisten Kritiken wird aber in erster Linie kapitalistisch argumentiert. Wo in der Erwerbsarbeit Geld, Ansehen und Erfolg als Entlohnung dienen, erhält man innerhalb der Sorgearbeit andere Werte wie Geborgenheit, Zusammenhalt und Liebe. Letztere erfahren durch den Fokus auf Finanzen und Macht oftmals eine extreme Abwertung. Doch auch Liebe ist eine Ressource, mit der wir nachhaltig umgehen müssen.

Wohin geraten wir als Gesellschaft, wenn wir Begriffe wie „Familie“, „Ehe“ und „Heimat“ nicht modernisieren, sondern als überholte Prinzipien verkommen lassen, mit denen Rechtskonservative ihr Wahlprogramm gestalten? Wir alle brauchen ein Zuhause, einen Raum, in dem wir Kongruenz erfahren, um das Unbekannte und Bedrohliche um uns herum mit Mut meistern zu können – einen Raum, sowohl in unserem Inneren als auch ganz physisch, als festen Ort. Einen Ort der Liebe. Mit dem Wort „Liebe“ geht eine große Sehnsucht einher. Wir verbinden damit die Suche nach Geborgenheit, nach stabilen und verlässlichen Beziehungen. Nach exklusiven Bindungen, in denen wir Intimität erfahren und nach einem geschützten Raum, in dem wir so sein können, wie wir wirklich sind. Und gleichzeitig scheitern wir oft an den Ansprüchen, die mit unserem Bild von Liebe verbunden sind, Frustration macht sich breit und führt zum Streit, zu Trennungen oder zu einem Rückzug ins Schweigen.

Für einen achtsamen Umgang mit der Liebe ist es notwendig, zu verstehen, dass der Kapitalismus und das Patriarchat zwei Systeme sind, die allen Geschlechtern schaden können, weil sie ungleiche Machtpositionen zementieren und uns auseinandertreiben lassen. Für viele Frauen bedeutet dies in der Praxis eine enorme Erschöpfung, eine unfaire Entlohnung und eine Unterdrückung der eigenen Bedürfnisse. Viele queere und diverse Menschen erleben eine gesellschaftliche Stigmatisierung, Angst vor Gewalt und die Einschränkungen ihrer persönlichen Freiheit. Und viele Männer haben nicht gelernt, ihre Gefühle auszudrücken, tragen eine antrainierte Härte nach außen und erleiden unter anderem durch die Abwesenheit von Liebe und Wärme ein erhöhtes Risiko für mentale und physische Krankheiten.

Kämpfen wir in diesem System gegeneinander, so kommen wir aus der Spirale nicht heraus, sondern festigen die Fronten. So geschieht das zum Beispiel, wenn gefordert wird, das Männliche zu verbannen, wie es die französische Politologin, Autorin und Aktivistin Emilia Roig in ihrem Buch *Das Ende der Ehe* postuliert:

„Auch wenn der Begriff ‚toxische Maskulinität' zunehmend verwendet wird, würde ich lieber davon absehen, weil er suggeriert, dass es auch ‚positive Männlichkeiten' gibt. Der Autor John Stoltenberg hat darauf hingewiesen, dass ‚gesunde Männlichkeit' gleichbedeutend ist mit ‚gesundem Krebs'. Männlichkeit basiert auf Herrschaft, Dominanz und Macht, sie existiert nur in Relation zur als unterlegen betrachteten Weiblichkeit und kann deshalb nicht ‚positiv' gedacht werden. Eine ‚gesunde' Männlichkeit wäre die Abwesenheit von Männlichkeit. Männlichkeit muss verschwinden, wenn wir das Patriarchat überwinden wollen. Wohlgemerkt: Männlichkeit, nicht die Männer."[79]

Es ist nachvollziehbar, dass die Wut über die Ungerechtigkeit, die durch toxische Maskulinität seit Jahrtausenden gefestigt wurde, eine solche Reaktion erzeugt. Hilfreicher als etwas zu verbannen, erscheint es hingegen, gemeinsam gegen das System anzugehen – ganz nach dem Motto: Don't hate the player, hate the game. Anderenfalls wird es unmöglich, über die Liebe zu sprechen. Denn es gibt Männer, die geliebt werden und Männer, die lieben. Die bereits erwähnte US-amerikanische Literaturwissenschaftlerin und feministische Aktivistin bell hooks schreibt dazu in ihrem Werk *Männer, Männlichkeit und Liebe:*

„Militanter Feminismus hat Frauen erlaubt, ihre Wut über und ihrem Hass auf Männer ungehemmt Ausdruck zu verleihen; er verweigerte uns aber gleichzeitig die Möglichkeit, darüber zu sprechen, was es im Patriarchat überhaupt bedeutet, Männer zu lieben, zu wissen, wie wir diese Liebe ohne Angst vor Ausbeutung und Unterdrückung ausdrücken können."[80]

Es besteht also die Frage: Wie können wir es schaffen, Liebesbeziehungen so zu gestalten, dass sie nicht erdrücken, einzwängen und belasten, sondern dass sie eine Stütze darstellen? Der Weg dahin kann nicht im Kampf liegen, sondern in einer liebevollen Begegnung. Um uns darauf einlassen zu können und um die Vielfalt der Liebe in unserem Leben zu integrieren, müssen wir aber zunächst überlegen, was das Wort „Liebe" individuell für uns bedeutet.

Reality Check

Nachdem der Liebesbegriff nun auf theoretischer Ebene zerlegt wurde, müssen wir die einzelnen Bestandteile jetzt wieder neu zusammensetzen. Dafür gibt es aber kein Allgemeinrezept. Jede Person hat einen eigenen Liebesbegriff. Dieser hängt von der autobiografischen Geschichte, von der kulturellen Prägung und von der Zeit, in der man lebt, ab. Der Dalai Lama hat ganz andere Dinge über die Liebe gehört und gelernt als Michelle Obama. Das ist nicht ungewöhnlich und passiert bei sehr vielen anderen Begriffen genauso. Der tschechisch-französische Schriftsteller Milan Kundera widmet diesem Gedankengang in der *Unerträglichen Leichtigkeit des Seins* ein „Kleines Verzeichnis unverstandener Wörter“[81] und beleuchtet darin, dass zum Beispiel für eine Person ein Friedhof ein Ort der Ruhe und Einkehr sein kann, jemand anderes assoziiert Tod und Verwesung damit. Es liegt auf der Hand, dass es für diese beiden Menschen schwierig sein wird, in Harmonie dort spazieren zu gehen. Ähnlich verhält es sich mit der Liebe.

Die Vorstellung von Liebe ist immer von soziokulturellen Faktoren geprägt. Die individuelle Erfahrung eines Menschen existiert nicht ohne das Ideal der Liebe auf gesellschaftlicher Ebene – sie sind miteinander verwoben und bedingen sich gegenseitig. Bevor wir nun zusammensetzen, wie wir diese Vielschichtigkeit des Liebesbegriffs in unseren Alltag integrieren können, müssen wir aufklären, wie unsere persönliche Prägung des Wortes „Liebe" erfolgt ist und was wir über Liebe denken. Dafür lohnt es sich, zum einen auf die gesellschaftliche Ebene zu blicken – „Was prägt unsere Welt?" – und zum anderen auf unsere ganz private Biografie zu schauen – „Wie bin ich in diese Welt hineingewachsen?" Der folgende Teil wird jetzt also ein wenig therapeutisch. Es geht um ein Abfragen von möglichen Einflüssen auf unser Denken über die Liebe. Wer mag, kann sich ein Notizbuch und einen Stift zur Hand nehmen, um die aufkommenden Erkenntnisse festzuhalten und zu sortieren.

Wie wir über die Liebe denken und wie wir sie leben, ist stark davon abhängig, in welcher Epoche und in welcher Kultur man sich befindet.

Blicken wir auf die Gesellschaft, in der *wir* leben, so lassen sich folgende Faktoren festhalten: Wir leben in einer Demokratie, unser Wirtschaftssystem ist der Kapitalismus und unsere Zeit ist stark von der Digitalisierung, der Globalisierung sowie der Psychologisierung geprägt. Diese Parameter beeinflussen unser Denken über die Liebe. Wenn wir in einer Demokratie aufwachsen, so lernen wir auch in Liebesdingen die Paragraphen des Gesetzbuches: Wir sind, rein juristisch betrachtet, frei in unseren Entscheidungen und in der Wahl, mit wem wir welche Art von Beziehung eingehen wollen oder auch nicht. Wir sind gleichberechtigt, egal welches Geschlecht und welche sexuelle Identität wir haben. Beides ist in anderen Kulturen oder Epochen keine Selbstverständlichkeit. Wir erleben eine der freiesten und selbstbestimmtesten Auffassungen von „Liebe". Auch wenn da noch viel Luft nach oben ist, dürfen wir uns immer wieder daran erinnern, wie unser Leben verlaufen wäre, wenn wir ein paar Jahrhunderte früher oder einige tausend Kilometer versetzt geboren worden und aufgewachsen wären.

Um unseren persönlichen Liebesbegriff in Bezug auf die Demokratie zu durchleuchten, können wir uns folgende Fragen stellen: Mit welchen Formen der Kommunikation bin ich aufgewachsen? Wie habe ich Diskussionen und Konflikte gelernt? Wurde ich autoritär erzogen oder hat man in meiner Kindheit mit mir auf Augenhöhe kommuniziert? Welche Beziehungsmodelle wurden mir vorgelebt und wie war die Kommunikation darin? Was habe ich von anderen über Liebe gehört und gelernt? Wie verliefen meine ersten Erfahrungen mit der Liebe? Was glaube ich noch heute über sie?

Eine gute Übung[82], um diese Glaubenssätze ans Tageslicht zu befördern, besteht darin, dass man ganz schnell, ohne den Stift abzusetzen und bewusst nachzudenken, so viele Sätze wie möglich sammelt, die etwas über Liebe aussagen:

Liebe ist ...

Liebe macht Menschen ...

Ich hätte mehr Liebe, wenn ...

Mein Vater denkt über Liebe ...

Meine Mutter denkt, Liebe sei ...

In meiner Familie ist Liebe ...

Liebe ist gleichbedeutend mit ...

Wenn ich mich mehr auf Liebe konzentrieren würde, hätte ich ...

Und so weiter ...

Kommen wir zum nächsten Faktor unserer Zeit: dem Kapitalismus. Die Tatsache, dass wir in einer kapitalistisch geprägten Welt leben, hat ebenfalls enorme Auswirkungen auf unsere Definition von „Liebe". Wie eng das kapitalistische Denken mit dem Liebesbegriff verwoben ist, zeigt Eva Illouz in ihrem Buch *Der Konsum der Romantik* sehr eindrücklich. Sie macht deutlich, dass der Kapitalismus „unerbittlich in die privatesten Nischen unseres zwischenmenschlichen und emotionalen Lebens eingedrungen" ist. Viele romantische Handlungen hängen direkt oder indirekt vom Konsum ab. Das fängt bei der Wahl des Restaurants beim ersten Date an und setzt sich beim Kauf von Blumen, Geschenken, Kinokarten und Urlaubsreisen fort. Von der Liebe wird erwartet, dass sie als Kontrast zur Arbeitswelt unterhaltsam, befriedigend und erholsam ist.[83]

Wie sehr sich das ökonomische Denken in die Gestaltung von Liebesbeziehungen eingeschlichen hat, zeigt sich auf der sprachlichen Ebene. Wir sagen Sätze wie „Ich bin wieder auf dem Markt" oder „Mein Marktwert sinkt". Wir „investieren" in unsere Beziehungen, wir „setzen" auf eine Person, wir „beleben das Geschäft durch Konkurrenz" oder beenden es, wenn uns jemand zu „billig" erscheint oder sich zu „günstig verkauft".

Auch Erich Fromm weist in seinem zuvor schon erwähnten Werk *Die Kunst des Liebens* darauf hin, wie sehr kapitalistische Rationalität und Marktlogik inhaltlich in das Liebesdenken eingedrungen sind. Es gehe dem modernen Menschen darum, „mit seinen Fertigkeiten, seinem Wissen, und sich selbst, kurz mit seiner ‚Persönlichkeit' ein möglichst gutes Geschäft zu machen mit anderen, die genau wie er an einem fairen und gewinnbringenden Tauschhandel interessiert"[84] seien.

Dieses Denken sieht er als völlig unvereinbar mit dem eigentlichen Prinzip der Liebe, die eine Hingabe in Demut, Achtsamkeit und Geduld erfordere.

Um den Einfluss des Kapitalismus auf das individuelle Denken über Liebe zu hinterfragen, kann man reflektieren: Wie sehr hängt mein Liebesleben mit meinem Konsumdenken und einer damit verbundenen Anspruchshaltung zusammen? Welche Konsumakte verbinde ich mit Romantik – ein teurer Lippenstift, ein schickes Abendessen, Kinokarten, Geschenke, Schmuckstücke? Wie viel investiere ich in die Liebe und welche Dinge habe ich mir gekauft, um meinen „Marktwert" zu steigern? Wie würden sich die Beziehungen zu den Personen meines Umfelds verändern, wenn ich mein Konsumverhalten erhöhen oder reduzieren würde? Wie schnell ersetze ich kaputte Gegenstände – oder repariere ich diese? Wie schnell ersetze ich eine dysfunktionale Beziehung durch eine neue?

Und weiter geht es nach diesen Fragen in der Betrachtung unserer Zeit. Next step: Digitalisierung. Sie eröffnet uns Möglichkeiten, die in einer rein analogen Welt undenkbar wären – auch in unserem Liebesleben. Wir brauchen nur unser Handy einzuschalten und eine Dating-App zu installieren, um im Sekundentakt neue Perspektiven zu erhalten. Eva Illouz nennt dieses Phänomen die „Ökonomie des Überflusses" – und auch hier wird deutlich, wie sehr marktwirtschaftliches Denken den Kontext der Liebe bestimmt:

„Das Selbst muß hier wählen und seine Optionen maximieren, es ist gezwungen, Kosten-Nutzen-Analysen und Effizienzberechnungen durchzuführen."[85]

Aber nicht nur das Angebot wird durch die Digitalisierung erweitert, auch der Informationsaustausch wird rasant beschleunigt. Wenn Kleopatra und Cäsar sich Nachrichten schickten, musste jemand sich für jede Kurzmitteilung tausende Kilometer aufs Pferd schwingen und gefühlte Ewigkeiten durch die Wüste galoppieren. Heute hingegen ist es möglich, sich in Sekundenschnelle auszutauschen, selbst wenn Kontinente dazwischen liegen. Die Globalisierung hat durch die Veränderung von Reisewegen und der Arbeit, vor allem aber über das Digitale Einzug in die Welt der Liebe erhalten. Die gesamte Kommunikation verläuft durch sie rasend schnell. Briefe müssen nicht mehr geschrieben, kuvertiert und zur Post gebracht werden. Alles geschieht in Sekunden:

„Mit einem Klick schaltet man ein, mit einem Klick schaltet man aus. Mit einem Klick erstellt man ein Profil, mit einem Klick schließt man die Seite. Mit einem Klick versendet man eine Mail, mit einem nicht ausgeführten Klick beantwortet man eine Nachricht nicht. Das [...] Individuum denkt, es hätte seine sozialen Beziehungen auf diese Weise bestens unter Kontrolle. Es weiß nicht, dass es den Finger in ein Räderwerk gesteckt hat, aus dem es nicht ohne Blessuren herauskommen wird."[86]

Hier stellt sich unweigerlich die Frage, wie es der Liebe auf diesem Raketenritt der Digitalisierung ergeht. Tut diese Beschleunigung und Informationsüberflutung der Liebe gut oder killt sie das Geheimnisvolle und Mystische? Was macht es mit unseren Beziehungen, wenn wir schon vor dem ersten Date googeln können, was Kleopatra in Wochen, Monaten und Jahren herausfinden musste? Alain Badiou sieht in der Informationsdichte ein vermeintliches Sicherheitsdenken begründet und schreibt darüber in seinem *Lob der Liebe:*

„Das ist die Vollkaskoversicherung der Liebe: Sie bekommen Liebe, aber Sie haben Ihre Sache so gut kalkuliert, Ihren Partner von vornherein so gut ausgewählt, indem Sie sich durch das Internet klicken – Sie haben natürlich sein Foto, seine Vorlieben, sein Geburtsdatum, sein Sternzeichen –, dass Sie sich am Ende dieser ungeheuren Kombination sagen können: ‚Mit dem wird es ohne Risiko funktionieren!' Und das ist Propaganda."[87]

Das Digitale zieht sich aber auch in den Liebesalltag hinein. Jede Beziehung ist heute eine Online-Beziehung, egal wie sie begonnen hat. Ob man sich zum ersten Mal über den Algorithmus einer Dating-App oder bei Freunden auf einer Gartenparty begegnet ist, das Digitale ist ein integraler Bestandteil der Liebe. Ein Großteil der Kommunikation zwischen Liebenden erfolgt über das

Handy. Der Beziehungsstatus wird auf sozialen Plattformen geteilt, Fotos von gemeinsamen Unternehmungen an den Freundeskreis gesendet oder öffentlich in die sozialen Medien gestellt. Liebesglück ist ein Statussymbol, das zelebriert wird. Nach einer Trennung lassen sich die Bilder und Nachrichten zum Teil nur schwer wieder aus dem Netz, aus der persönlichen Chronik, aus den Clouds und Datenbanken entfernen. So erhält die virtuelle Liebe einen Status, den die reale Liebe oft nicht erreicht: Sie scheint unendlich.

Auch im Hinblick auf dieses Thema kann man für sich selbst überprüfen: Wie viel Digitalität spielt eine Rolle in meinen Beziehungen? Was teile ich mit wem und wie? Welche Geheimnisse verberge ich in meinen digitalen Daten? Wie kommuniziere ich meine Sehnsüchte? Verbringe ich mehr Zeit in der virtuellen Welt oder der analogen? Was passiert mit meiner Liebe, wenn ich mein Handy ausschalte? Und auch hier stellt sich die Frage der Nachhaltigkeit: Braucht es all diese Nachrichten und den damit einhergehenden CO_2-Verbrauch überhaupt?

Ein weiterer Faktor, der von außen bestimmt, wie wir über Liebe denken, ist das vorherrschende Menschenbild und in unserem Fall die Psychologisierung. Eine psychologische Praxis aufzusuchen, ist für viele Menschen ein fester Bestandteil im Alltag. Auch für Paare gibt es Angebote, die meist so ausgebucht sind, dass man wochenlang auf einen Termin wartet. Durch Sigmund Freud und Carl Gustav Jung ist die Psychoanalyse vor über hundert Jahren in unserer Gesellschaft angekommen.

Es macht einen grundlegenden Unterschied, ob wir Körper und Seele als Einheit betrachten oder als voneinander getrennt. Ein dualistisches Weltbild, wie es etwa die Philosophen Immanuel Kant oder René Descartes vertreten haben, beinhaltet die Vorstellung, dass der Geist den Körper wie eine Maschine steuert.[88] Für die Liebe hat dies insofern Konsequenzen, als dass von einem ständigen Kampf zwischen Körper und Geist ausgegangen wird. Dieses Motiv findet sich bereits in der Bibel: „Der Geist ist willig, aber das Fleisch ist schwach", ruft Jesus seinen Jüngern zu.[89] Die reine, tugendhafte Seele wird also in diesem Menschenbild ständig von der dunklen, triebhaften und sündigen Körperlichkeit gestört und boykottiert. Man ist den eigenen Trieben ausgeliefert und kann schon mal die Kontrolle über das eigene Handeln verlieren, wenn man so denkt.

Wenn wir aber Körper und Seele in Harmonie und als zusammenwirkende Symbiose begreifen, ergibt sich eine viel höhere Selbstwirksamkeit. Die entsprechende Denkrichtung nennt sich Monismus und findet sich unter anderem in den Schriften von Baruch de Spinoza oder Georg Wilhelm Friedrich Hegel. Auch die französische Philosophin Simone de Beauvoir vertritt diese Position und kritisiert in ihrem Werk *Das andere Geschlecht* die Sichtweise des christlichen Glaubens:

„Der Christ ist von sich selber getrennt; die Spaltung von Körper und Seele, von Leben und Geist wird vollkommen: die Erbsünde macht den Körper zum Feind der Seele; alle fleischlichen Bindungen erscheinen nunmehr als schlecht."[90]

Wenn wir hingegen Körper und Geist im Zusammenspiel betrachten, so gibt es natürlich trotzdem Mechanismen, die unbewusst oder unterbewusst funktionieren. Diese dürfen wir erkunden und erforschen, indem wir unseren Körper und unsere Gedanken achtsam behandeln. Wenn wir über die Liebe sprechen, können wir spüren, was es mit uns macht und wo sich in unserem Körper etwas bewegt. Bei welchen Gedanken werden wir rot, bei welchen wird uns heiß, wo zieht es uns im Herzen und wann sitzt etwas ganz tief? Wo lassen wir jemand anderen ganz nah sein und wo spüren wir Grenzen? Es sind Fragen, die man für sich allein, aber auch zusammen mit anderen Menschen erkunden darf. „We are all walking each other home", sagt die Emotional-Release-Therapeutin Anna Bruderhofer in diesem Kontext.[91]

Erkennen wir die Gegensätze „männlich und weiblich" ebenso wie beispielsweise „Tag und Nacht", „oben und unten" oder „lebendig und tot" als zwei Prinzipien an, so ist klar, dass das eine nicht ohne das andere existieren kann. „Männlich und weiblich“ sind zwei Pole, die in jedem Menschen stecken, zwei Energien, die sich verändern können und dürfen, innerhalb eines Tages ebenso wie im Laufe eines Lebens. Daher gilt es, auch Geschlecht als Spektrum zu begreifen, auf dem wir alle uns immer wieder neu einordnen dürfen. Wie schwierig dieses Unterfangen sein kann, liest sich in dem fantastischen Roman *Blutbuch* von Kim de l’Horizon, womit Kim vollkommen zu Recht den Deutschen sowie den Schweizer Buchpreis 2022 gewonnen hat, speziell im Kapitel „Mann oder Frau, oder wie das Kind sich wünscht, mit den Zauberschuhen davonzufliegen, und wie es das Menschsein übt und das Körpersein und wie es nicht weiss, was es werden will, aber sich auf jeden Fall danach sehnt, nicht hässlich zu werden“.[92]

Wenn wir zusammenfassen, was „Liebe“ bedeuten kann und was sie für uns bedeutet, dann entdecken wir ihre Geheimnisse und Erkenntnisse in ganz kleinen Dingen, in Worten, in Gedanken, in Augenblicken und Momenten, die flüchtig sind wie Wimpernschläge. Wir finden sie aber auch in allem, was groß ist, was Dimension annimmt, was Bedeutung hat, was unser Leben und unsere Welt verändern kann. Wenn wir an die Liebe glauben, können wir Berge versetzen. Wenn wir lieben, können wir geduldig sein und uns hingeben. Wir können uns mit der Liebe dem Wetteifer, dem Leistungsdenken und der Ungerechtigkeit widersetzen. Wir dürfen durch sie die Wahrheit und die Unendlichkeit begreifen. Durch ihren Blick betrachten wir unsere Kinder und dürfen in ihr selbst wieder Kind sein. Wir können uns und andere immer mehr in ihr erkennen und glauben und hoffen und lieben.

In diesem Sinne müssen wir uns aufmachen und neue Wege gehen. Die hier vorgestellte Begriffsvielfalt und die Erörterungen der Liebe sind eine Einladung, das eigene Leben und Lieben neu zu verstehen und Dinge zu entdecken, die in einem anderen Licht eine ganz neue Strahlkraft entwickeln. Es gibt unzählige Fragen, die sich nach dieser begrifflichen Neuordnung stellen lassen. Und für sie alle gilt:

LOVE IS THE ANSWER
– NO MATTER THE QUESTION

Danksagung

Mein größter Dank gilt PD Dr. Michael Kühler, der mir das Vertrauen entgegenbrachte, dieses Projekt als Doktorarbeit anzufangen und mir zeigte, wie schön die Philosophie sein kann, wenn man sie auf Konferenzen in Schlössern und Burgen praktiziert. Seine durch die Bank konstruktive Kritik war mir eine sehr unterstützende Begleitung. Nun ist es keine Doktorarbeit geworden, sondern ein pinkes Buch, was mindestens genauso toll ist, denn wie schon John Lennon sang: „Life is what happens when you're busy making other plans."[93]

Weiter danke ich dem Team von Kremayr & Scheriau, das diese Veröffentlichung in Highspeedgeschwindigkeit möglich gemacht hat, allen voran Roxana Höchsmann, die das Manuskript drei Jahre lang aufbewahrt und nicht vergessen hat. Sonja Franzke und Evelyn Bubich danke ich für die Unterstützung und das Lektorat. Meinem Bruder Lorenz fürs Vorablesen und Mitdenken. Beth Gibbons, Edward Sharpe & The Magnetic Zeros und Giora Feidman für den Soundtrack, der diesen Text begleitet hat.

Meinen Eltern danke ich für ihr gutes Vorbild als Liebende und dieses tiefe Vertrauen ins Leben, das sie mir mitgegeben haben. Meinem Partner Florian für die Erkundung der vielen Facetten von Liebe und deren Grenzen, die wir immer wieder gemeinsam ausloten und überwinden. Meine drei wunderbaren Kinder liebe ich für die täglich neuen Herzsprünge vor Glück, die sie mir bereiten. All meine Freundinnen und Freunde sind mir durch den jahrzehntelangen Zusammenhalt und Austausch eine unverzichtbare Stütze. Darüber hinaus bin ich erfüllt von all den tollen und verrückten Begegnungen im Kontext der Liebe, von denen ich nicht eine missen möchte.

Anmerkungen

1 Vgl. Strömquist, Liv: Der Ursprung der Liebe, S. 68.

2 Vgl. Rösinger, Christiane: Liebe wird oft überbewertet – Ein Sachbuch, S. 144 ff.

3 Brooks, Meredith: Bitch, in: Blurring the Edges, Capitol, Hollywood, 1997.

4 Cohen, Leonard: I'm your man, in: I'm your man, Columbia Records, New York, 1988.

5 Matz, Wolfgang: Die Kunst des Ehebruchs – Emma, Anna, Effi und ihre Männer, S. 12 f.

6 Kurt, Şeyda: Radikale Zärtlichkeit – Warum Liebe politisch ist, S. 170.

7 Strömquist, Liv: Ich fühl's nicht, S. 114.

8 Vgl. Horx, Matthias: Future Love: Die Zukunft von Liebe, Sex und Familie, S. 60 f.

9 Stendhal: Über die Liebe, Vorwort, S. 19.

10 Stendhal: Über die Liebe, S. 45.

11 Illouz, Eva: Warum Liebe weh tut, S. 372.

12 Stendhal: Über die Liebe, S. 48.

13 Vgl. Shakespeare, William: Romeo und Julia, S. 27 ff.

14 Cyrus, Miley: Flowers, in: Endless Summer Vacation, Columbia Records, New York, 2023.

15 Mars, Bruno: When I was your man, in: Unorthodox Jukebox, Atlantic Records, 2012.

16 In manchen Übersetzungen wird der Begriff *philia* weitestgehend mit Freundschaft oder Freundschaftsliebe übersetzt. Aristoteles spricht aber philia auch explizit Eheleuten und Liebespaaren zu (vgl. Aristoteles: Nikomachische Ethik, Buch VII, 1157a 10–16).

17 Vgl. Aristoteles: Nikomachische Ethik, Buch VII, 1155a 5–21.

18 Pluder, Valentin/Spahn, Andreas: Großes Wörterbuch Philosophie, Grundwissen von A–Z, S. 112.

19 Krebs, Angelika: Zwischen Ich und Du, S. 226 f.

20 Houston, Whitney: My love is your love, in: My love is your love, Arista Records, New York, 1998.

21 Ortega y Gasset, José: Betrachtungen über die Liebe, S. 285.

22 Fromm, Erich: Die Kunst des Liebens, S. 17.

23 Ebd.: S. 18.

24 Luhmann, Niklas: Liebe als Passion, in: Soziologie der Liebe, S. 94.

25 Schrader, Maria: Ich bin dein Mensch, 2021, ab Minute 1:33:20.

26 Roxette: Sleeping in my car, in: Crash! Boom! Bang!, EMI, London, 1994.

27 Rosenwasser, Anna et. al.: Queer – Whatever the fuck you want, S. 80.

28 Groult, Benoîte: Salz auf unserer Haut, S. 11 f.

29 Ebd.: S. 63.

30 Bondage and Discipline, Dominance and Submission, Sadism and Masochism

31 Vgl. Platon: Symposion, 203b–203e.

32 Vgl. ebd.: 203a.

33 Vgl. ebd.: 199c–201c.

34 Dahlke, Rüdiger: Krankheit als Sprache der Seele, S. 323.

35 Vgl. Strömquist, Liv: Der Ursprung der Liebe, S. 55 f.

36 Hüther, Gerald: Was macht anhaltender Pornokonsum mit uns und wie können wir die Verwicklung lösen? YouTube-Video, ab Minute 13.

37 Stephani, Ilan: Finde deine sexuelle Kraft, S. 15.

38 Ebd.: S. 148.

39 Ebd.: S. 149.

40 Ebd.: S. 177.

41 Rosenwasser, Anna et. al.: Queer – Whatever the fuck you want, S. 75 f.

42 Ebd.: S. 128.

43 Federici, Silvia: Caliban und die Hexe, S. 237.

44 Kaléko, Mascha: Für Einen, in: Das lyrische Stenogrammheft, S. 129.

45 Kästner, Erich: Als ich ein kleiner Junge war, S. 98.

46 Vgl. Platon: Symposion, 189d–192d.

47 Vgl. Krebs, Angelika: Zwischen Ich und Du, S. 50.

48 Han, Byung-Chul: Agonie des Eros, S. 19.

49 Vgl. ebd. S. 20.

50 Rösinger, Christiane: Liebe wird oft überbewertet – Ein Sachbuch, S. 21 f.

51 Currey, Mason: Musenküsse – Die täglichen Rituale berühmter Künstler, S. 44.

52 Ein Mix aus Amphetaminen und Aspirin. Empfohlen waren ein bis zwei Tabletten, Sartre begann damit gleich nach dem Frühstück und nahm täglich zwanzig Stück. Sein Motto war: „Man kann auch ohne allzu viel Arbeit produktiv sein."

53 Sartre, Jean-Paul: Das Sein und das Nichts: Versuch einer phänomenologischen Ontologie, S. 467.

54 Badiou, Alain: Lob der Liebe, S. 26 f.

55 Vgl. Kühler, Michael: Loving Persons. Activity and Passivity in Romantic Love, S. 41 ff.

56 Vgl. Wilson, John: Ich liebe dich, so wie du bist, S. 29.

57 Vgl. Rösinger, Christiane: Liebe wird oft überbewertet – Ein Sachbuch, S. 162.

58 Vgl. Google-Bildersuche

59 Vgl. Widmaier, Olivier Picasso: Picasso – Portrait der Familie, S. 32.

60 Seidl, Ulrich: Tierische Liebe, 1995.

61 Kuhn, Helmut: „Liebe" – Geschichte eines Begriffs, S. 41 ff.

62 Vgl. Krebs, Angelika: Arbeit und Liebe – Die philosophischen Grundlagen sozialer Gerechtigkeit, S. 242.

63 Matz, Wolfgang: Die Kunst des Ehebruchs – Emma, Anna, Effi und ihre Männer, S. 9 f.

64 Jardin, Alexandre: Die Insel der Linkshänder, S. 36.

65 Ebd.: S. 88.

66 Vgl. Oksenberg Rorty, Amélie: Die Historizität psychischer Haltungen, S. 182 f.

67 Vgl. ebd.: S. 179 f.

68 Illouz, Eva: Die neue Liebesordnung – Frauen, Männer und Shades of Grey, S. 68.

69 Vgl. ebd.: S. 69.

70 Vgl. Rösinger, Christiane: Liebe wird oft überbewertet – Ein Sachbuch, S. 164 ff.

71 Beck, Ulrich/Beck-Gernsheim, Elisabeth: Das ganz normale Chaos der Liebe, S. 231.

72 Schönthaler, Philipp: Nach oben ist das Leben offen, S. 148.

73 Strömquist, Liv: Der Ursprung der Liebe, S. 78.

74 Kuchler, Barbara/Beher, Stefan: Soziologie der Liebe, S. 13.

75 Beck, Ulrich/Beck-Gernsheim, Elisabeth: Das ganz normale Chaos der Liebe, S. 238 f.

76 Ebd.: S. 239.

77 Kuhn, Helmut: „Liebe“ – Geschichte eines Begriffs, S. 73 ff.

78 hooks, bell: alles über liebe – Neue Sichtweisen, S. 120.

79 Roig, Emilia: Das Ende der Ehe – Für eine Revolution der Liebe, S. 28.

80 hooks, bell: Männer, Männlichkeit und Liebe – Der Wille zur Veränderung, S. 11.

81 Kundera, Milan: Die unerträgliche Leichtigkeit des Seins, S. 149 f.

82 Bei Julia Cameron findet sich diese Übung zum Thema Geld – auch sehr spannend. Siehe hierzu: Cameron, Julia: Der Weg des Künstlers – Ein spiritueller Pfad zur Aktivierung unserer Kreativität, S. 203.

83 Illouz, Eva: Der Konsum der Romantik, S. 180 ff.

84 Fromm, Erich: Die Kunst des Liebens, S. 164.

85 Illouz, Eva: Gefühle in Zeiten des Kapitalismus, S. 128.

86 Kaufmann, Jean-Claude: Sex@mour – Wie das Internet unser Liebesleben verändert, S. 13.

87 Badiou, Alain: Lob der Liebe – Ein Gespräch mit Nicolas Truong, S. 16.

88 Vgl. Pluder, Valentin/Spahn, Andreas: Großes Wörterbuch Philosophie, Grundwissen von A–Z, S. 77.

89 Bibel: Matthäus 26,41

90 Vgl. Beauvoir, Simone de: Das andere Geschlecht – Sitte und Sexus der Frau, S. 178.

91 Im Gespräch über unsere kollektiven Verletzungen und deren Heilung durch Liebe, Marokko, 2023. Im Original ist das Zitat von Ram Dass, einem US-amerikanischen Psychologieprofessor und spirituellen Lehrer.

92 De l'Horizon, Kim: Blutbuch, S. 85 ff.

93 Lennon, John: Beautiful Boy, in: Double Fantasy, Geffen Records, Los Angeles, 1981.

Books I had and liked

Aristoteles: Nikomachische Ethik, Stuttgart: Reclam, 2017.

Badiou, Alain: Lob der Liebe – Ein Gespräch mit Nicolas Truong, Wien: Passagen Verlag, 2011.

Beauvoir, Simone de: Das andere Geschlecht – Sitte und Sexus der Frau, Reinbek bei Hamburg: Rowohlt, 1990.

Beck, Ulrich/Beck-Gernsheim, Elisabeth: Das ganz normale Chaos der Liebe, Frankfurt am Main: Suhrkamp, 1990.

Cameron, Julia: Der Weg des Künstlers – Ein spiritueller Pfad zur Aktivierung unserer Kreativität, München: Droemersche Verlagsanstalt, 1996.

Currey, Mason: Musenküsse – Die täglichen Rituale berühmter Künstler, Zürich/Berlin: Kein & Aber, 2014.

Dahlke, Rüdiger: Krankheit als Sprache der Seele – Be-Deutung und Chance der Krankheitsbilder, München: Goldmann, 1997.

De l'Horizon, Kim: Blutbuch, Köln: DuMont, 4. Auflage, 2022.

Federici, Silvia: Caliban und die Hexe, Wien/Berlin: mandelbaum kritik & utopie, 10. Auflage, 2022.

Fromm, Erich: Die Kunst des Liebens, Berlin: Ullstein, 70. Auflage, 2012.

Groult, Benoîte: Salz auf unserer Haut, München: Droemersche Verlagsanstalt, 1992.

Han, Byung-Chul: Agonie des Eros, Berlin: Matthes & Seitz, 2012.

hooks, bell: Männer, Männlichkeit und Liebe – Der Wille zur Veränderung, München: Elisabeth Sandmann, 2022.

hooks, bell: alles über liebe – Neue Sichtweisen, Hamburg: HarperCollins, 2021.

Horx, Matthias: Die Zukunft von Liebe, Sex und Familie, München: Deutsche Verlags-Anstalt, 2017.

Illouz, Eva: Gefühle in Zeiten des Kapitalismus. Frankfurter Adorno-Vorlesungen, Frankfurt am Main: Suhrkamp, 2004.

Illouz, Eva: Der Konsum der Romantik, Frankfurt am Main: Suhrkamp, 2007.

Illouz, Eva: Warum Liebe weh tut, Berlin: Suhrkamp, 2011.

Illouz, Eva: Die neue Liebesordnung – Frauen, Männer und Shades of Grey, Berlin: Suhrkamp, 2013.

Jardin, Alexandre: Die Insel der Linkshänder, Berlin: Ullstein, 6. Auflage, 2005.

Kaléko, Mascha: „Für Einen", in: Dies.: Das lyrische Stenogrammheft, Reinbek bei Hamburg: Rowohlt, 30. Auflage, 2006.

Kästner, Erich: Als ich ein kleiner Junge war, in: Ders.: Gesammelte Schriften für Erwachsene, Band 4, Zürich: Atrium, 1969.

Kaufmann, Jean-Claude: Sex@mour – Wie das Internet unser Liebesleben verändert, Konstanz: UVK, 2011.

Krebs, Angelika: Arbeit und Liebe, Frankfurt am Main: Suhrkamp, 2002.

Krebs, Angelika: Zwischen Ich und Du – Eine dialogische Philosophie der Liebe, Berlin: Suhrkamp, 2015.

Kuchler, Barbara/Beher, Stefan (Hrsg.): Soziologie der Liebe, Berlin: Suhrkamp, 2014.

Kühler, Michael: Loving Persons. Activity and Passivity in Romantic Love, in: Maurer, Christian/Milligan, Tony/Pacovská, Kamila (Hrsg.): Love and Its Objects. What Can We Care For?, Houndmills: Palgrave Macmillan, 2014, S. 41–55.

Kuhn, Helmut: „Liebe“ – Geschichte eines Begriffs, München: Kösel, 1975.

Kundera, Milan: Die unerträgliche Leichtigkeit des Seins, Frankfurt am Main: Fischer Taschenbuchverlag, 2013.

Kurt, Şeyda: Radikale Zärtlichkeit – Warum Liebe politisch ist, Hamburg: HarperCollins, 2021.

Luhmann, Niklas: Liebe als Passion, in: Kuchler, Barbara/Beher, Stefan (Hrsg.): Soziologie der Liebe, Berlin: Suhrkamp, 2014.

Matz, Wolfgang: Die Kunst des Ehebruchs – Emma, Anna, Effi und ihre Männer, Göttingen: Wallstein, 2014.

Oksenberg Rorty, Amélie: Die Historizität psychischer Haltungen, in: Thomä, Dieter (Hrsg.): Analytische Philosophie der Liebe, Paderborn: mentis, 2000.

Ortega y Gasset, José: Betrachtungen über die Liebe, Frankfurt am Main: Suhrkamp, 1991.

Platon: Symposion, in: Wolf, Ursula (Hrsg.): Platon – Sämtliche Werke, Band 2, Hamburg: Rowohlt, 33. Auflage, 2011.

Pluder, Valentin/Spahn, Andreas: Großes Wörterbuch Philosophie, Grundwissen von A–Z, München: Compact SilverLine Taschenbuch, 2006.

Roig, Emilia: Das Ende der Ehe – Für eine Revolution der Liebe, Berlin: Ullstein, 2023.

Rosenwasser, Anna et. al. (Hrsg.): Queer Sex – Whatever the fuck you want, Zürich: B.U.T.C.H.E.S & F.A.G.S, 2020.

Rösinger, Christiane: Liebe wird oft überbewertet – Ein Sachbuch, Frankfurt am Main: Fischer, 2012.

Sartre, Jean-Paul: Das Sein und das Nichts – Versuch einer phänomenologischen Ontologie, Deutsch von Hans Schöneberg und Traugott König, Reinbek bei Hamburg: Rowohlt, 1. Auflage der Neuübersetzung, 1991.

Schönthaler, Philipp: Nach oben ist das Leben offen, Berlin: Matthes & Seitz, 2012.

Shakespeare, William: Romeo und Julia. Zweisprachige Ausgabe, Deutsch von Frank Günther, München: dtv, 2002.

Stendhal: Über die Liebe. Frankfurt am Main/Leipzig: Insel Verlag, 2007.

Stephani, Ilan: Finde deine sexuelle Kraft, München: Unum (Gräfe und Unzer), 2022.

Strömquist, Liv: Ich fühl's nicht, Berlin: avant, 2019.

Strömquist, Liv: Der Ursprung der Liebe, Berlin: avant, 2018.

Widmaier Picasso, Olivier: Picasso – Portrait der Familie, München: Deutscher Taschenbuch Verlag, 2003.

Wilson, John: Ich liebe dich, so wie du bist, Stuttgart: Klett-Cotta, 1997.

Foto © Jette Marie Schnell

Veronika Fischer

wurde 1987 im Allgäu geboren. Sie hat Deutsche Literatur und Philosophie in Konstanz und Berlin studiert. Eine anschließende Promotion zum modernen Liebesbegriff hat sie nach etlichen Jahren erfolgreich abgebrochen und zu diesem Buch umgeschrieben. Sie ist Mutter von drei Kindern und arbeitet freischaffend als Autorin, Journalistin, Texterin und Philosophin. Sie schreibt in unterschiedlichen Genres und beschäftigt sich sowohl in Lyrik, Prosa, Theaterstücken, Kinderbüchern, journalistischen Publikationen und Kunstprojekten jeweils mit den Themen unserer Zeit und deren gesellschaftliche Relevanz. Außerdem führt sie einen Liebesbriefservice.

www.fronelle.de

www.kremayr-scheriau.at

ISBN 978-3-218-01414-4

Linolschnitt, Cover, typografische Gestaltung und Satz: Sheila Ehm
Reihen-Konzept: Stefanie Jaksch
Lektorat: Evelyn Bubich
Herstellung: vielseitig.co.at
Druck und Bindung: Finidr, s.r.o., Czech Republic

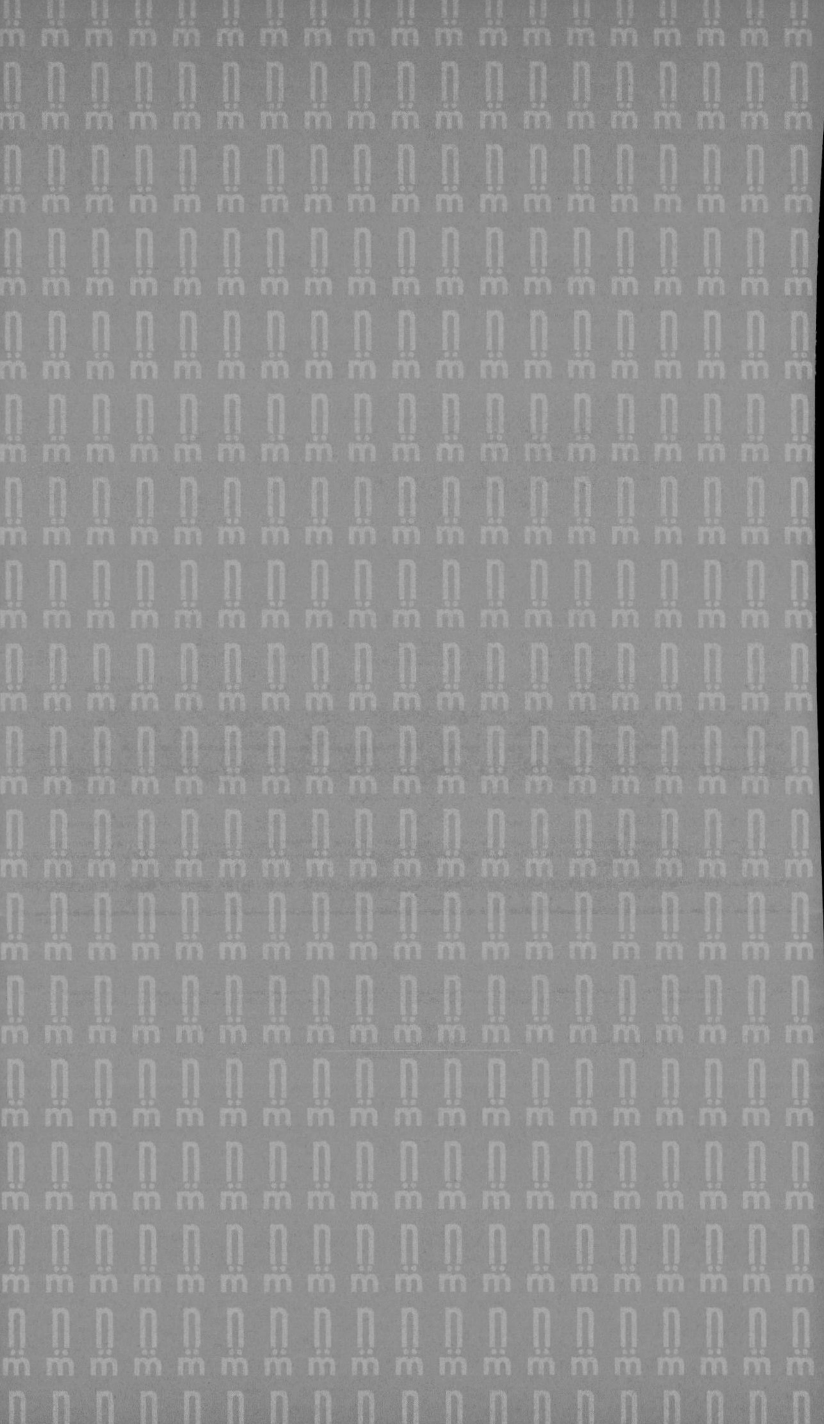